Kartoffeln
immer wieder anders

MOEWIG

Die Rezepte sind – wenn nicht anders angegeben –
für vier Personen berechnet.

Die Rezepte in diesem Buch sind mit aller Sorgfalt zusammengestellt
und überprüft worden; dennoch kann eine Garantie nicht übernommen werden.
Eine Haftung des Verlags oder seiner Beauftragten für Personen-,
Sach- oder Vermögensschäden ist ausgeschlossen.
VPM Verlagsunion Pabel Moewig KG, Rastatt
© Ceres Verlag Rudolf August Oetker KG, Bielefeld
Umschlagfoto: Pries/Ceres Verlag
Fotos im Innenteil: Ceres Verlag
Printed in Germany 1998
ISBN 3-8118-1422-2

Inhaltsübersicht

Vorwort

Dieses Buch zeigt mit einer Fülle von Rezepten und mit attraktiven
Farbfotos, daß die Kartoffel – preiswert, gesund und nahrhaft –
mehr ist als eine Sättigungsbeilage: Sie kann die Grundlage von Suppen
und Eintöpfen, Vorspeisen, Hauptgerichten und Desserts, Aufläufen,
Gratins und Salaten sein. Sie wird in Topf, Pfanne, Friteuse oder
Backofen gegart und für deftige oder leichte, süße oder pikante Speisen
verwendet: Stets ist sie wohlschmeckend, bekömmlich und kalorienarm.
Von der rustikalen Pellkartoffel bis zum raffinierten Gratin – die braune
Knolle ist aus unserer Küche gar nicht wegzudenken.

Alle Rezepte wurden erprobt und getestet; durch den übersichtlichen
Aufbau und die genauen Anleitungen lassen sie sich mühelos umsetzen
und leicht variieren.

Suppen und Eintöpfe

Bouillonkartoffeln

(Foto Seite 17)

500 g Rinderbrust	unter fließendem kaltem Wasser abspülen, in
2 l Salzwasser	geben, zum Kochen bringen, in etwa 2 Stunden gar kochen lassen, das gare Fleisch aus der Brühe nehmen, in Alufolie einschlagen, im Backofen warm stellen
800 g Kartoffeln	
100 g Sellerie	die beiden Zutaten waschen, schälen
5 Möhren	putzen, schälen, waschen
	das Gemüse in kleine, gleichmäßige Würfel schneiden (Kartoffeln können auch in größere Würfel geschnitten werden)
1 Stange Porree (Lauch)	putzen, waschen, den Lauch in Ringe schneiden, gründlich waschen, mit dem übrigen Gemüse in einen Topf geben, mit der Rindfleischbrühe auffüllen, zum Kochen bringen, etwa 30 Minuten kochen lassen, mit Salz,
Pfeffer	
Streuwürze	abschmecken, mit
gehackter Petersilie	bestreuen
	das Fleisch aus dem Backofen nehmen, in Scheiben schneiden, auf einer Platte anrichten.

Gemüse-Kartoffel-Suppe

350 g Kartoffeln	waschen, schälen, abspülen, in grobe Würfel schneiden
100 g Knollensellerie	putzen, schälen, waschen, in Würfel schneiden
1 Zwiebel	abziehen, fein würfeln
1 Stange Porree (Lauch)	putzen, längs halbieren, gründlich waschen, in Streifen schneiden
3 Eßl. Sojaöl	in einem Topf erhitzen
	Zwiebelwürfel und Lauchstreifen darin andünsten, Kartoffel- und Selleriewürfel hinzufügen, mitandünsten, mit
750 ml (¾ l) Gemüsebrühe	ablöschen, 15 – 20 Minuten kochen lassen, mit dem Schneidestab des Handrührgerätes pürieren, durch ein Sieb streichen
200 ml Schlagsahne	unterrühren, erhitzen, mit
Salz, Pfeffer	
geriebener Muskatnuß	abschmecken
4 mittelgroße Tomaten	kurze Zeit in kochendes Wasser legen (nicht kochen lassen), in kaltem Wasser abschrecken, enthäuten, vierteln, entkernen, die Stengelansätze herausschneiden, das Tomatenfleisch in Würfel schneiden, in die Suppe geben, mit
Kerbelblättchen	garnieren, warm oder gut gekühlt anrichten.

Altdeutsche Kartoffelsuppe

(Foto Seite 18)

700 g mehlig-kochende Kartoffeln	waschen, schälen, abspülen
3 Möhren	putzen, schälen, waschen
1 Stück Knollensellerie	schälen, waschen die drei Zutaten in kleine Würfel schneiden
50 g Butter	zerlassen, Möhren- und Selleriewürfel darin kurz andünsten, mit den Kartoffelwürfeln in
1 ½ l Fleischbrühe	geben
1 Zwiebel	abziehen, mit
1 Lorbeerblatt **1 Nelke**	spicken, die Zwiebel in die Brühe geben, zum Kochen bringen, zugedeckt etwa 20 Minuten kochen lassen
1 Stange Porree (Lauch)	putzen, gründlich waschen, in Scheiben schneiden, in die Suppe geben, etwa 10 Minuten mitkochen lassen, die gespickte Zwiebel entfernen, etwa ⅓ der Kartoffelwürfel aus der Suppe schöpfen, pürieren, mit
125 ml (⅛ l) **Schlagsahne oder** **Crème fraîche**	verrühren, wieder hineingeben, erhitzen, die Suppe mit
Salz **weißem Pfeffer** **gerebeltem Majoran** **geriebener Muskatnuß**	würzen
200 g Egerlinge	putzen, waschen, gut abtropfen lassen, in Scheiben schneiden
1 Zwiebel	abziehen, fein würfeln
50 g Butter	zerlassen, die Zwiebelwürfel darin goldgelb andünsten, die Pilze hinzufügen, etwa 5 Minuten dünsten lassen, in die Kartoffelsuppe geben, noch etwa 5 Minuten miterhitzen
½ Bund Schnittlauch	abspülen, trockentupfen, fein schneiden, über die Suppe streuen.

Champignon-Kartoffelsuppe

400 g Champignons	putzen, mit Küchenpapier abreiben, evtl. abspülen, in
kochendes Salzwasser	geben, einmal aufkochen lassen, auf ein Sieb geben, mit kaltem Wasser übergießen, abtropfen lassen
1 mittelgroße Zwiebel	abziehen, fein würfeln
1 Stange Lauch (Porree)	putzen, das dunkle Grün bis auf etwa 10 cm entfernen, den Porree in etwa 1 cm dicke Ringe schneiden, gründlich waschen
100 g durchwachsenen Speck	in Würfel schneiden, auslassen, Zwiebelwürfel und Porreeringe darin andünsten, die Pilze hinzufügen, mitdünsten lassen
400 g Kartoffeln	schälen, waschen, in dünne Scheiben schneiden, zu den Pilzen geben
1 ½ l heiße Fleischbrühe	hinzugießen, zum Kochen bringen
1 Teel. Kümmel	hinzufügen, die Suppe in etwa 20 Minuten gar kochen lassen, mit
Salz	abschmecken
1 Eßl. gehackte Petersilie	darüber streuen.

Fleisch-Kartoffel-Eintopf

(Foto Seite 19 – etwa 8 Portionen)

1 kg Rindfleisch	
1 kg Lammfleisch	das Fleisch unter fließendem kaltem Wasser abspülen, trockentupfen, in etwa 3 cm große Würfel schneiden
400 g Möhren	
200 g Sellerie	
200 g Petersilienwurzel	
1 kg Kartoffeln	die vier Zutaten waschen und schälen
300 g Zwiebeln	abziehen, würfeln
1 Knolle Knoblauch	abziehen, durch die Presse drücken
800 g Weißkohl	
1 große, grüne Paprikaschote	
200 g grüne Bohnen	die drei Zutaten putzen und waschen
400 g Fleischtomaten	enthäuten, entkernen, Stengelansätze entfernen das Gemüse in Würfel schneiden Gemüse und Fleisch abwechselnd in einen gewässerten Tontopf schichten die einzelnen Schichten mit

3 Nelken	
2 Lorbeerblättern	
Salz	
Pfeffer	
10 g Paprika edelsüß	würzen
	die oberste Schicht sollte aus Gemüse bestehen
100 g Tomatenmark	
500 ml (½ l) Weißwein	
4 Eßl. Olivenöl	dazugeben, Wasser angießen, bis alles bedeckt ist
	alles kurz aufkochen lassen, den Tontopf auf dem Rost in den Backofen schieben
Ober-/Unterhitze	etwa 180 °C (vorgeheizt)
Heißluft	etwa 160 °C (nicht vorgeheizt)
Gas	etwa Stufe 3 (vorgeheizt)
Garzeit	2 ½ – 3 Stunden.

Schlesische Kartoffelsuppe

(Foto Seite 20)

1 Zwiebel	abziehen, würfeln
75 g durch-wachsenen Speck	in Würfel schneiden
2 – 3 Eßl. Speiseöl	erhitzen, Zwiebel und Speck darin andünsten
½ Knollensellerie	schälen, waschen, in Würfel schneiden
1 Stange Porree (Lauch)	putzen, halbieren, waschen, in Scheiben schneiden
500 g Kartofffeln	waschen, schälen, abspülen, in Würfel schneiden
	das Gemüse zu der Speck-Zwiebel-Masse geben, mitdünsten lassen
1 l Wasser	hinzugießen
3 gestrichene Eßl. klare Instant-Fleischbrühe	unterrühren, zum Kochen bringen, in etwa 30 Minuten gar kochen lassen
2 Paar Knoblauchwürste 2 – 3 Gewürzgurken	die beiden Zutaten in Scheiben schneiden, kurz vor Beendigung der Garzeit in die Suppe geben, miterhitzen.

Kartoffel-Lauch-Suppe

600 g Kartoffeln	waschen, schälen, abspülen, würfeln
2 Stangen Lauch (Porree, 300 g)	putzen, waschen, in dünne Ringe schneiden
1 Petersilienwurzel **1 Möhre**	beide Zutaten putzen, schälen, waschen, in Würfel schneiden
1 Eßl. Olivenöl **1 ½ l Gemüsebrühe**	in einem Topf erhitzen, das Gemüse darin andünsten, mit aufgießen, etwa 40 Minuten köcheln lassen, mit einem Pürierstab oder im Mixer pürieren, kalt stellen vor dem Servieren
125 ml (⅛ l) Schlagsahne	unterziehen, mit kleinen Möhrenwürfeln und Schnittlauch bestreuen, eiskalt servieren.
Tip	Dazu paßt Roggenbaguette.

Kartoffel-Pfifferling-Cremesuppe

250 g frische Pfifferlinge (ersatzweise aus der Dose)	putzen, größere Pilze zerkleinern
1 große Zwiebel	abziehen, würfeln
500 g Kartoffeln	schälen, waschen, würfeln
40 g Butter	in einem Topf erhitzen, die Pilze darin kurz anbraten, herausnehmen, warm stellen die Zwiebel- und Kartoffelwürfel in den Topf geben, hell andünsten lassen
750 ml (¾ l) Gemüsebrühe	hinzugießen, zugedeckt 15 Minuten schwach köcheln lassen
125 g Tofu	würfeln, unterrühren die Suppe anschließend pürieren, nochmals aufkochen, mit
4 Eßl. Sojasauce **Pfeffer** **3 Eßl. trockenen Sherry**	abschmecken, Pfifferlinge dazugeben, kurz in der Suppe erhitzen
½ Bund Basilikum	abspülen, trockentupfen, die Blättchen von den Stengeln zupfen, in Streifen schneiden, auf die Suppe geben.

14

Kartoffelcremesuppe mit Geflügelfleisch und Salbei

3 Schalotten	abziehen, fein hacken
1 Eßl. Butter	zerlassen, die Schalottenwürfel darin andünsten
375 g Kartoffeln	waschen, schälen, abspülen, kleinschneiden, zu den Schalotten geben, etwa die Hälfte von
750 ml (³/₄ l) Geflügelbrühe	hinzugießen, 15–20 Minuten kochen lassen, anschließend mit dem Pürierstab oder im Mixer fein pürieren die restliche Geflügelbrühe,
125 ml (⅛ l) Schlagsahne	dazugeben
250 g gekochtes Geflügelfleisch	in mundgerechte Stücke schneiden, in die Suppe geben, erhitzen
2 Eßl. Salbeiblätter	abspülen, kleinschneiden, unter die Kartoffelcremesuppe rühren, zum Schluß
4 Eßl. trockenen Weißwein	in die Suppe geben.

Kartoffeleintopf

800 g Kartoffeln	waschen, schälen, abspülen, in kleine Würfel schneiden
1 Stange Porree (Lauch)	putzen, halbieren, waschen, kleinschneiden
2 Möhren (200 g)	putzen, schälen, waschen, in Würfel schneiden
1 Petersilienwurzel oder Knollensellerie (etwa 200 g)	putzen, schälen, waschen, in Würfel schneiden
75 g Butter	zerlassen, die Möhren- und Petersilien- bzw. Selleriewürfel darin andünsten, die Kartoffelwürfel dazugeben, mit
1 l Gemüsebrühe	auffüllen, zum Kochen bringen, etwa 10 Minuten garen, anschließend Lauch,
4 Mettenden Salz Pfeffer	dazugeben, weitere 10 Minuten garen, die Suppe mit abschmecken, die Mettenden herausnehmen, in Scheiben schneiden, wieder in die Suppe geben, mit
2 Eßl. gehackter Petersilie	bestreuen.

Kartoffelsuppe mit Eierstich

Für den Eierstich

2 Eier mit
125 ml (⅛ l) kalter Milch
Salz
geriebener Muskatnuß verschlagen, in ein mit
Butter oder
Margarine gefettetes Gefäß füllen, mit Alufolie verschließen, in kochendes Wasser stellen, das Wasser zum Kochen bringen, den Topf verschließen, das Wasser nicht mehr kochen lassen, die Eiermasse in etwa 30 Minuten fest werden lassen, stürzen, in Würfel schneiden.

Für die Kartoffelsuppe

50 g durchwachsenen Speck in Würfel schneiden
1 Eßl. Butter oder
Margarine erhitzen, die Speckwürfel darin ausbraten
1 Bund Suppengrün putzen, waschen, kleinschneiden, in dem Speckfett andünsten
1 l Fleischbrühe hinzugießen, zum Kochen bringen
500 g mehligkochende Kartoffeln waschen, schälen, abspülen, in Würfel schneiden, in die Brühe geben, zum Kochen bringen, in 12 – 15 Minuten gar kochen lassen Kartoffelwürfel und Suppengrün pürieren
1 Eigelb mit
125 ml (⅛ l) Schlagsahne verschlagen, die Suppe damit legieren, mit
Salz
Pfeffer abschmecken den Eierstich in die Suppe geben, erhitzen
3 Eßl. Kresseblättchen über die Suppe streuen.

16

Bouillonkartoffeln, Rezept Seite 10

Altdeutsche Kartoffelsuppe, Rezept Seite 11

Fleisch-Kartoffel-Eintopf, Rezept Seite 12

Schlesische Kartoffelsuppe, Rezept Seite 13

Kartoffelsuppe mit Grünkohl

1 Schinkenknochen (etwa 1 kg) vom Schlachter in Stücke sägen lassen, die Knochenstücke unter fließendem kaltem Wasser abspülen, mit

500 g durchwachsenem Speck in

3 l kaltes Wasser geben, zum Kochen bringen

1 Bund Suppengrün putzen, waschen, kleinschneiden, hinzufügen, den Speck nach etwa 1 ½ Stunden herausnehmen, in Scheiben oder Streifen schneiden, in Alufolie wickeln, beiseite legen, den Schinkenknochen weitere 2 ½ – 2 ¾ Stunden in der Brühe ziehen lassen, die Brühe durch ein Sieb gießen, den chinkenknochen abkühlen lassen, das Fleisch ablösen, in Alufolie wickeln, beiseite legen

750 g vorbereiteten Grünkohl (Stiele entfernen) gründlich waschen, in reichlich

kochendes Salzwasser geben, zum Kochen bringen, 5 Minuten blanchieren, abgießen, grob schneiden

200 g Zwiebeln abziehen, längs in Streifen schneiden

1 kg mehlig-kochende Kartoffeln schälen, waschen, in Würfel schneiden

1 Bund Suppengrün putzen, waschen, kleinschneiden das Gemüse in die Brühe geben, etwa 30 Minuten kochen lassen

1 Bund glatte Petersilie vorsichtig abspülen, trockentupfen, die Blättchen von den Stielen zupfen, fein hacken, mit

250 ml (¼ l) Schlagsahne in die Suppe rühren, nach Belieben mit

Salz

Pfeffer würzen, Schinkenfleisch, Speck,

6 – 8 Würstchen in die Suppe geben, darin erhitzen

150 g fetten Speck in kleine Würfel schneiden, auslassen

1 mittelgroße Zwiebel abziehen, in Scheiben schneiden, darin goldbraun braten die Speck-Zwiebel-Masse in die Suppe geben, 10 Minuten durchziehen lassen

Garzeit etwa 4 Stunden.

21

Kartoffelsuppe mit Roquefort

1 große Zwiebel	abziehen, fein hacken
150 g Möhren	putzen, schälen, waschen, in kleine Würfel schneiden, ein Drittel davon beiseite stellen
3 Eßl. Speiseöl	erhitzen, die restlichen Möhren mit den Zwiebeln darin andünsten
500 g mehligkochende Kartoffeln	waschen, schälen, abspülen, würfeln, hinzufügen, mit
1 l Gemüsebrühe	aufgießen, 30 Minuten gar kochen lassen, mit
1 Teel. Salz **½ Teel. schwarzem Pfeffer** **¼ Teel. geriebener Muskatnuß** **¼ Teel. Piment** **¼ Teel. gemahlenem Kümmel**	würzen
1 Lorbeerblatt	hinzufügen, nach der Garzeit herausnehmen, die Suppe mit einem Pürierstab pürieren
150 g Roquefort	zerbröckeln, 10 Minuten in der Suppe köcheln lassen
2 Bund Schnittlauch	abspülen, in feine Röllchen schneiden, vor dem Servieren einstreuen.

Kartoffelsuppe mit Tomaten

2 Zwiebeln	abziehen, würfeln
1 Bund Suppengrün	putzen, waschen, in Würfel oder Streifen schneiden
2 Eßl. Butter oder Margarine	zerlassen, beide Zutaten darin andünsten
1 l Fleischbrühe	hinzugießen, zum Kochen bringen
500 – 600 g mehlig- kochende Kartoffeln	waschen, schälen, abspülen, in kleine Würfel schneiden, hinzufügen, zum Kochen bringen, in 12 – 15 Minuten gar kochen lassen, Kartoffeln und Gemüse pürieren
1 Becher (150 g) saure Sahne	unter die Suppe rühren
1 Eßl. gehackte Basilikumblättchen **2 Eßl. Schnittlauch- röllchen**	hinzufügen
300 g Tomaten	kurze Zeit in kochendes Wasser legen (nicht kochen lassen), in kaltem Wasser abschrecken, enthäuten, die Stengelansätze entfernen, die Tomaten halbieren, entkernen, das Tomatenfleisch in Würfel schneiden, in die Suppe geben, erhitzen; die Suppe mit
Salz, Pfeffer	abschmecken.

Kartoffelsuppe mit Wirsing

2 – 3 Fleischknochen	waschen, in
1 ¼ l Salzwasser	zum Kochen bringen, abschäumen
250 – 375 g durch-	
wachsenen Speck	hinzufügen, zum Kochen bringen, etwa 45 Minuten kochen lassen, die Brühe durch ein Sieb gießen, wieder mit dem Speck zum Kochen bringen
750 g Kartoffeln	waschen, schälen, abspülen
200 g Möhren	putzen, schälen, waschen
125 g Knollensellerie	schälen, waschen
	die 3 Zutaten in Würfel schneiden
1 Stange Porree	
(Lauch)	putzen, waschen, in Streifen schneiden
350 g Wirsing	
(vorbereitet gewogen)	vierteln, den Strunk herausschneiden, den Wirsing waschen, in etwa 2 cm breite Streifen schneiden
	die Kartoffeln mit dem Gemüse in die Brühe geben, mit
Salz	würzen, zum Kochen bringen, 20 – 25 Minuten kochen lassen, den Speck herausnehmen, in Scheiben oder Würfel schneiden, wieder in die Suppe geben, mit Salz,
Streuwürze	abschmecken, mit
gehackter Petersilie	bestreuen.

Kartoffelsuppe „Westfalen"

500 g Kartoffeln	waschen, schälen, abspülen, in Würfel schneiden
1 Stange Porree	
(Lauch)	putzen, waschen, in Ringe schneiden, evtl. nochmals waschen
	die beiden Zutaten in
1 l kochende	
Fleischbrühe	geben, zum Kochen bringen, etwa 25 Minuten kochen lassen, durch ein Sieb streichen, die Suppe mit
Salz	
Pfeffer	
geriebener	
Muskatnuß	
250 ml (¼ l)	abschmecken, zum Kochen bringen
Schlagsahne	unterrühren, zum Kochen bringen, kurze Zeit schwach kochen lassen
	die Suppe mit
1 Bund feinge-	
schnittenem	
Schnittlauch	bestreuen, sofort servieren.
Beilage	Bauernbrot.

23

Käse-Kartoffel-Suppe

500 g Kartoffeln	waschen, schälen, abspülen, in Würfel schneiden
1 Zwiebel	
1 Knoblauchzehe	beide Zutaten abziehen, fein würfeln
1 Stange Porree (Lauch)	putzen, halbieren, waschen, in Streifen schneiden
1 Möhre	putzen, schälen, waschen, ganz lassen
30 g Butter	zerlassen, das Gemüse – außer der Möhre – darin andünsten, mit
750 ml (³/₄ l) Gemüsebrühe	auffüllen, 15 Minuten kochen lassen, die Möhre hinzugeben, mitgaren, anschließend herausnehmen, in Scheiben schneiden, dekorativ ausstechen die restliche Suppe pürieren, durch ein Sieb streichen, mit
125 ml (⅛ l) Schlagsahne	verfeinern, mit
Salz, Pfeffer	
gerebeltem Kerbel	abschmecken, einmal aufkochen
125 g mittelalten Gouda	reiben, 50 g davon in der Suppe schmelzen lassen, die ausgestochenen Möhrenscheibchen in der Suppe erwärmen
8 Scheiben Baguette	toasten oder rösten, den Käse darauf streuen, die Suppe in 4 feuerfeste Tassen füllen, die Brotscheiben darauf verteilen, unter den heißen Grill schieben, bis der Käse schmilzt.

Leichter Kartoffel-Möhren-Topf

500 g Kartoffeln	waschen, schälen, abspülen, würfeln
500 g Möhren	putzen, schälen, waschen, in Scheiben schneiden
400 g Schweinefleisch	unter fließendem kaltem Wasser abspülen, trockentupfen, in etwa 3 × 3 cm große Würfel schneiden
2 Zwiebeln	abziehen, würfeln
30 g Speiseöl	in einem breiten Topf erhitzen, das Fleisch unter Wenden darin bräunen, die Zwiebelwürfel hinzufügen, andünsten, anschließend Kartoffeln und Möhren hinzufügen, andünsten, mit
Salz	
Pfeffer	
1 Teel. Kurkuma	würzen, mit
375 ml (3/8 l) Gemüsebrühe	angießen, im geschlossenen Topf etwa 35 Minuten schmoren lassen.
Tip	Vor dem Servieren mit Kerbelblättchen oder grob gehackter Petersilie bestreuen.

Vorspeisen und Snacks

Ausgebackene Kartoffelbällchen

1 Packung gekochte Kartoffelklöße (220 g)	nach Vorschrift auf der Packung mit
500 ml (½ l) Wasser	verrühren
2 Eier	unterrühren, mit
1 Teel. gerebeltem Basilikum	
1 abgezogenen, zerdrückten Knoblauchzehe	verrühren, mit
Pfeffer	würzen, 5 Minuten quellen lassen, aus der Masse kleine Klößchen formen
100 g gesalzene Erdnußkerne	fein hacken, Klößchen darin wälzen, auf einer Platte zum Fondue reichen.

Bunt gefüllte Kartoffeln

8 große Kartoffeln (je etwa 150 g)	unter fließendem kaltem Wasser gründlich abbürsten, kreuzförmig einschneiden, jede Kartoffel in Alufolie einwickeln, auf einem Backblech in den Backofen schieben
Ober-/Unterhitze	etwa 220 °C (vorgeheizt)
Heißluft	etwa 200 °C (nicht vorgeheizt)
Gas	etwa Stufe 4 (vorgeheizt)
Backzeit	etwa 50 Minuten inzwischen
200 g tiefgekühlte Erbsen	in
kochendes Salzwasser	geben, etwa 5 Minuten kochen lassen, abgießen
200 g durchwachsenen Speck	fein würfeln
2 Zwiebeln	abziehen, fein würfeln
15 g Butter	in einer Pfanne zerlassen, die Speck- und Zwiebelwürfel darin andünsten die Kartoffeln aus dem Backofen nehmen, jeweils einen flachen Deckel abschneiden, davon die Schale abziehen, die Kartoffeln mit einem kleinen Löffel etwas aushöhlen, die Kartoffelmasse mit einer Gabel zerdrücken, zu Speck und Zwiebeln geben
1 Bund Schnittlauch	abspülen, trockentupfen, fein schneiden, mit den Erbsen,
125 g geriebenem Maasdamer	zu der Kartoffelmasse geben, mit
Salz, Pfeffer	abschmecken

20 g Butter

die ausgehöhlten Kartoffeln bergartig damit füllen, nebeneinander in eine feuerfeste, gefettete, flache Form setzen in Flöckchen auf die Kartoffeln verteilen, evtl. die restliche Füllung zwischen die Kartoffeln geben, auf dem Rost in den Backofen schieben

Ober-/Unterhitze etwa 200 °C (vorgeheizt)
Heißluft etwa 180 °C (nicht vorgeheizt)
Gas Stufe 3 – 4 (vorgeheizt)
Backzeit etwa 10 Minuten.

Gebackene Kartoffeln mit Petersilien-Pesto

8 mittelgroße, mehligkochende Kartoffeln

unter fließendem kaltem Wasser gut abbürsten, kreuzweise einschneiden, ungeschält jeweils in ein genügend großes Stück Alufolie wickeln, auf ein Backblech setzen

Ober-/Unterhitze etwa 220 °C (vorgeheizt)
Heißluft etwa 200 °C (nicht vorgeheizt)
Gas etwa Stufe 4 (vorgeheizt)
Backzeit etwa 50 Minuten
inzwischen

5 Bund Petersilie abspülen, trockentupfen, die Blättchen abzupfen, etwas kleinhacken

3 Knoblauchzehen abziehen, Petersilie und Knoblauch mit
80 – 100 g geriebenem altem Gouda im Mixer pürieren, nach und nach
125 ml (⅛ l) Olivenöl unterrühren, mit
Salz
Pfeffer abschmecken
die Kartoffeln nach dem Backen aus der Folie wickeln, mit einer Gabel aufbrechen, jeweils 1 – 2 Teelöffel Pesto darauf geben, das restliche Pesto separat dazu servieren.

Gebratener Kartoffelsalat mit Räucherlachs

750 g festkochende Kartoffeln	waschen, schälen, abspülen, in etwa 1 cm große Würfel schneiden
6 EßI. Speiseöl	erhitzen, die Kartoffelwürfel darin unter häufigem Wenden leicht braun braten, zudecken, in etwa 10 Minuten garen
2 EßI. Sesamsamen	zu den Kartoffeln geben, kurz mitrösten
3 EßI. Weißweinessig	über die Kartoffeln geben, mit
Salz	
Pfeffer	würzen
1 Salatgurke	waschen, evtl. schälen, halbieren, entkernen, das Fruchtfleisch in etwa 1 cm große Würfel schneiden
200 g Räucherlachs (in Scheiben)	evtl. entgräten, in Streifen schneiden
1 Bund Dill	abspülen, trockentupfen, fein hacken Gurkenwürfel, Räucherlachs und Dill unter die Kartoffeln mengen.
Tip	Der Salat schmeckt auch ohne Räucherlachs als Beilage zu kurzgebratenem Fisch oder Fleisch. Anstatt Lachs schmeckt auch Feldsalat oder Rauke.

Gefüllte Kartoffeln vom Blech

8 große Kartoffeln à 150 g	unter fließendem Wasser abbürsten, in Salzwasser etwa 25 – 30 Minuten garen
4 Vollkornzwiebäcke	zerbröseln
4 Tomaten	kurze Zeit in kochendes Wasser legen (nicht kochen lassen), in kaltem Wasser abschrecken, enthäuten, die Stengelansätze herausschneiden, die Tomaten vierteln, entkernen, das Fruchtfleisch würfeln
2 Frühlingszwiebeln	putzen, waschen, halbieren, fein schneiden
220 g Käse	würfeln
1 Ei	verquirlen, alles mit dem Ei vermischen die garen Kartoffeln abgießen, jeweils einen Deckel abschneiden, die Kartoffeln aushöhlen, Kartoffelinneres zerdrücken, unter die Füllung mischen, die Kartoffeln damit füllen die gefüllten Kartoffeln auf ein gefettetes Backblech legen, in den Backofen schieben
Ober-/Unterhitze	etwa 200 °C (vorgeheizt)
Heißluft	etwa 180 °C (nicht vorgeheizt)
Gas	etwa Stufe 4 (vorgeheizt)
Backzeit	etwa 25 Minuten.

Gefüllte Kartoffeln mit Brennesselkäse

8 große, mehligkochende Kartoffeln	gründlich unter fließendem Wasser abbürsten, in Wasser zum Kochen bringen, in 20–25 Minuten gar kochen lassen inzwischen
4 Tomaten	kurze Zeit in kochendes Wasser legen (nicht kochen lassen), in kaltem Wasser abschrecken, enthäuten, vierteln, die Stengelansätze herausschneiden, die Tomaten in Würfel schneiden
2 Frühlingszwiebeln	putzen, waschen, in feine Ringe schneiden
250 g Brennesselkäse	in Würfel schneiden
	Tomaten, Frühlingszwiebeln und Käse mit
1 Ei **1 Eßl. Semmelbröseln**	vermengen die Kartoffeln abgießen, abdämpfen, jeweils einen Deckel abschneiden, das Kartoffelinnere mit einem Teelöffel aushöhlen, so daß ein etwa ½ cm dicker Rand stehenbleibt, das Kartoffelinnere zerdrücken, unter die Füllung mischen, mit
Salz, Pfeffer	würzen, die Kartoffeln bergartig mit der Masse füllen
30 g Butter	in Flöckchen darauf setzen, die Kartoffeln auf ein Backblech oder in eine Auflaufform setzen, in den Backofen schieben
Ober-/Unterhitze	etwa 200 °C (vorgeheizt)
Heißluft	etwa 180 °C (nicht vorgeheizt)
Gas	Stufe 3–4 (vorgeheizt)
Backzeit	15–20 Minuten.
Tip	Dazu schmeckt ein knackiger Blattsalat mit Vinaigrette.

Gegrillte Kartoffelspieße mit Frühlingszwiebeln

Etwa 800 g kleine Kartoffeln (etwa 24 Stück)	waschen, bürsten, in Wasser zum Kochen bringen, 10 Minuten kochen lassen, abgießen
160 g durchwachsenen Speck	in etwa 2 × 2 cm große Stücke schneiden
4 Frühlingszwiebeln	putzen, waschen, das Grün bis auf etwa 15 cm abschneiden, beiseite legen, Frühlingszwiebeln in je 4 Stücke schneiden die Kartoffeln abwechselnd mit dem Speck und den Frühlingszwiebeln auf 8 Spieße (z. B. Holzspieße) stecken, mit
6 Eßl. Olivenöl	bepinseln, auf den heißen Grillrost legen, unter Wenden etwa 8 Minuten grillen, zwischendurch mit Öl bepinseln, kurz vor Ende der Grillzeit das restliche Öl mit
1 Teel. gerebeltem Rosmarin Salz	verrühren, die Spieße damit bestreichen, noch kurz weitergrillen.

Für den Quark

250 g Quark Salz frisch gemahlenem buntem Pfeffer	mit dem kleingeschnittenen Frühlingszwiebelgrün,
125 ml (⅛ l) Schlagsahne	verrühren, zu den Spießen servieren.

Gnocchi in Salbeibutter

500 g Kartoffeln	waschen, schälen, abspülen, in etwa 20 Minuten gar kochen, abgießen, durch eine Kartoffelpresse in eine Schüssel drücken, mit
100 g Weizenmehl 3 kleinen Eiern	zu einem Teig verarbeiten, den Teig auf einer mit Mehl bestreuten Arbeitsfläche zu länglichen Rollen formen, in etwa 2 cm lange Stücke schneiden, mit den Zinken einer Gabel ein Muster eindrücken, in
kochendem Salzwasser	blanchieren, bis sie an der Oberfläche schwimmen, mit einem Schaumlöffel herausnehmen
5 Eßl. Butter 1 Eßl. in Streifen geschnittene Salbeiblätter	zerlassen darin anbraten, die Gnocchi hinzufügen, kurz durchschwenken.
Tip	2 Eßlöffel enthäutete, entkernte Tomaten mit dem Salbei in der Butter anbraten.

Gratinierte Gnocchi im Spinatbett

750 g mehligkochende Kartoffeln	waschen, in Wasser zum Kochen bringen, in 20–25 Minuten gar kochen lassen, abgießen, durch die Kartoffelpresse drücken, auskühlen lassen
½ Teel. Salz	
250 g Weizenmehl	unterarbeiten, den Teig auf einer bemehlten Arbeitsfläche zu Rollen von etwa 2 cm Durchmesser formen, die Rollen in etwa 2 cm lange Stücke schneiden, mit einer Gabel jedes Stück flachdrücken, die Gnocchi in
kochendes Salzwasser	geben, zum Kochen bringen, 3–4 Minuten ziehen lassen, sobald sie an die Oberfläche steigen, mit einer Schaumkelle herausholen, abtropfen lassen
1 kg Spinat	sorgfältig verlesen, waschen, abtropfen lassen
1 Zwiebel	
1 Knoblauchzehe	beide Zutaten abziehen, fein würfeln
40 g Butter	zerlassen, Zwiebel- und Knoblauchwürfel darin andünsten, Spinat hinzufügen, in 3–4 Minuten gar dünsten lassen, bis er zusammenfällt, mit
Salz	
Pfeffer	
geriebener Muskatnuß	abschmecken den Spinat in einer großen gefetteten Auflaufform verteilen, die Gnocchi in den Spinat drücken
200 g Frischkäse mit französischen Kräutern	mit
125 ml (⅛ l) Schlagsahne	verrühren, über den Gnocchi verteilen, die Form auf dem Rost in den Backofen schieben
Ober-/Unterhitze	etwa 200 °C (vorgeheizt)
Heißluft	etwa 180 °C (nicht vorgeheizt)
Gas	Stufe 3–4 (vorgeheizt)
Backzeit	etwa 15 Minuten.

Hackfleisch-Kartoffel-Röllchen

750 g Kartoffeln	schälen, waschen, in
Salzwasser	zum Kochen bringen, in etwa 20 Minuten gar kochen lassen, abgießen, abdämpfen, sofort durch die Kartoffelpresse geben und erkalten lassen, mit
2 Eigelb	
30 g Weizenmehl	
30 g Semmelbröseln	
1 gut geh. Teel.	
Speisestärke	verrühren, mit
Salz	
geriebener Muskatnuß	würzen.

Für die Füllung

1 Brötchen	in kaltem Wasser einweichen und gut ausdrücken
50 g durchwachsenen	
Speck	in feine Würfel schneiden und auslassen
1 Zwiebel	abziehen, fein würfeln, mit
250 g Gehacktem (halb Rind-, halb Schweinefleisch)	zu dem Speckfett geben und unter ständigem Rühren kurz anbraten,
1 Eßl. feingehackte Petersilie	dazugeben die Hackfleischmasse, das ausgedrückte Brötchen,
1 Ei	mit
150 ml Schlagsahne	miteinander vermengen, mit
Salz	
frisch gemahlenem Pfeffer	
geriebener Muskatnuß	
Paprika edelsüß	abschmecken. Den Kartoffelteig gut durchkneten und auf einem mit
Weizenmehl	bestreuten Tuch etwa 1 cm dick zu einem Quadrat ausrollen, die Füllung gleichmäßig darauf verteilen, den Teig mit Hilfe des Tuches fest aufrollen und in Scheiben schneiden
40 g Pflanzenfett	in einer Pfanne erhitzen und die Hackfleisch-Kartoffel-Scheiben darin von beiden Seiten goldbraun braten.

Husumer Kartoffelpuffer

1 kg Kartoffeln	waschen, schälen, abspülen
150 g geschälte, gekochte Salzkartoffeln (vom Vortag)	beide Zutaten auf einer feinen Reibe reiben, mit
2 Eiern	
100 g geriebenem Emmentaler	vermengen
150 g gepulte Nordseekrabben	mit
1 Bund feingehacktem Dill	zu den Kartoffeln geben, gut miteinander vermengen, mit
Salz	abschmecken
3 – 4 Eßl. Butterschmalz	in einer Stielpfanne zerlassen, jeweils etwas von dem Teig hineingeben, flachdrücken, von beiden Seiten braun und knusprig backen.

Kartoffel-Gemüse-Puffer

500 g rohe Kartoffeln, geschält	
250 g Möhren, geputzt	
250 g Zwiebeln, geschält	die drei Zutaten raspeln, vermengen und mit beiden Händen leicht ausdrücken, mit
2 Eiern	
Salz	
weißem Pfeffer	
Hefewürze	
100 g Weizenschrot, sehr fein	verrühren
Butterschmalz	in einer Pfanne erhitzen, mit einem Eßl. kleine Küchlein vom Kartoffelteig abstechen, in die Pfanne geben und flachdrücken. Die Puffer bei mittlerer Hitze beidseitig knusprig braten, sofort servieren.

Kartoffel-Kräuter-Terrine

(4–6 Portionen)

800 g Kartoffeln	waschen, in Wasser mit
1 Teel. Kümmel	
Salz	zum Kochen bringen, in 20–25 Minuten gar kochen, abgießen, abdämpfen, pellen, etwas abkühlen lassen, in Scheiben schneiden
250 g Spinat	sorgfältig verlesen, waschen, abtropfen lassen
20 g Butter	zerlassen, Spinat dazugeben, 3–5 Minuten dünsten, mit
Salz	
Pfeffer	
geriebener Muskatnuß	würzen
60 g frische Kräuter	
(z. B. Sauerampfer,	
Petersilie,	
Kerbel,	
Schnittlauch)	abspülen, trockentupfen, zusammen mit dem Spinat fein hacken eine Kastenform (Länge etwa 26 cm) mit
Butter	ausstreichen, mit
Semmelbröseln	ausstreuen
4 Eier	mit
Salz	
Pfeffer	
2 Bechern (je 150 g)	
Crème fraîche	
Cayennepfeffer	verrühren, Kräuter und die Hälfte von
125 g geriebenem	
mittelaltem Gouda	unterheben, eine dünne Schicht der Eier-Käse-Creme auf den Boden der Form geben, eine Schicht Kartoffelscheiben darauf geben, etwas andrücken, mit Salz und Pfeffer bestreuen, im Wechsel so fortfahren, die letzte Schicht sollte aus Eier-Käse-Creme bestehen, die Form mit Alufolie abdecken, die Form in einen großen Bräter oder eine Fettfangschale setzten, diese bis zur Hälfte mit
Wasser	füllen, auf der unteren Einschubleiste in den Backofen schieben
Ober-/Unterhitze	etwa 200 °C (vorgeheizt)
Heißluft	etwa 180 °C (nicht vorgeheizt)
Gas	Stufe 3–4 (vorgeheizt)
Backzeit	etwa 60 Minuten nach der Hälfte der Backzeit die Alufolie entfernen, den restlichen Käse auf die Terrine streuen, goldbraun überbacken lassen die Kartoffel-Terrine herausnehmen, etwas abkühlen lassen, auf eine Platte stürzen, in Scheiben schneiden, servieren.
Tip	Dazu schmeckt ein knackiger Blattsalat.

Kartoffel-Kümmel-Waffeln

(Foto Seite 37 – 4–6 Stück)

2 große, mehlig-kochende Kartoffeln	waschen, in Wasser zum Kochen bringen, in 20–25 Minuten gar kochen, abgießen, abdämpfen, heiß pellen und die Kartoffeln durch eine Kartoffelpresse drücken den Kartoffelbrei mit
4 Eiern **50 g Weizenmehl** **(Type 1050)** **50 g geriebenem Parmesan-Käse** **1 Teel. gemahlenem Kümmel**	vermengen, mit einem Handrührgerät mit Rührbesen zu einem dickflüssigen Teig verarbeiten, wenn nötig etwas
Mineralwasser	hinzufügen Waffeleisen vorheizen, mit
1 Speckschwarte	einreiben, den Teig in Portionen hineingeben, goldbraune Waffeln daraus backen, nach jedem Backen das Waffeleisen wieder einfetten die Kartoffel-Kümmel-Waffeln warm servieren.

Kartoffel-Wurst-Küchlein

(2 Portionen)

500 g Kartoffeln	waschen, in Wasser zum Kochen bringen, in 20–25 Minuten gar kochen, abgießen, abdämpfen, erkalten lassen, pellen, in eine Schüssel reiben
300 g Brühwurst oder Schinken	in kleine Würfel schneiden
1 Bund Petersilie	abspülen, trockentupfen, die Blätter von den Stengeln zupfen, fein hacken Schinkenwürfel und gehackte Petersilie zu den Kartoffeln geben, mit
1 Ei **2 Teel. Salz** **Pfeffer** **geriebener Muskatnuß**	vermengen, von
200 g Weizenmehl	etwas Mehl auf einen Teller geben, den Rest unter den Kartoffelteig kneten, kleine Küchlein formen, in dem Mehl wenden
Butterschmalz	in einer Pfanne erhitzen, die Küchlein darin goldbraun ausbacken.

35

Kartoffelblinis mit Lachs

20 g Frisch-Hefe	zerbröckeln, mit
1 Teel. Zucker	und 5 Eßlöffeln von
125 ml (⅛ l)	
lauwarmer Milch	anrühren
200 g Kartoffeln	waschen, schälen, abspülen, fein reiben
250 g Weizenmehl	in eine Rührschüssel sieben, in die Mitte eine Vertiefung eindrücken, die aufgelöste Hefe hineingeben, sie etwa ½ cm dick mit Mehl bestreuen
50 g zerlassene, lauwarme Butter	
Salz	an den Rand des Mehls geben, sobald das auf die Hefe gestreute Mehl rissig wird, von der Mitte aus alle Zutaten mit den Rührbesen des Handrührgerätes gut verrühren, die restliche Milch mit
1 Ei	verschlagen, mit den geriebenen Kartoffeln zu dem Hefeteig geben, so lange weiterrühren, bis der Teig Blasen wirft, den Teig zugedeckt an einem warmen Ort so lange gehen lassen (etwa 20 Minuten), bis er sich sichtbar vergrößert hat, den Teig auf der höchsten Stufe nochmals gut durchkneten
75 g Speiseöl oder Schweineschmalz	in einer Pfanne erhitzen, den Teig eßlöffelweise hineingeben, flachdrücken, von beiden Seiten goldbraun backen, die Blinis warm stellen
1 Becher (150 g) Crème fraîche	mit
1 Becher (150 g) saurer Sahne	glattrühren, mit
Salz	
Zucker	
Pfeffer	
Zitronensaft	abschmecken, die Sauce mit
100 g Lachsscheiben	zu den Kartoffelblinis reichen.

Kartoffel-Kümmel-Waffeln, Rezept Seite 35

Kartoffel-Carpaccio mit Egerlingen und Rosmarin, Rezept Seite 41

Kartoffelspießchen, Rezept Seite 44

Specknudeln, Rezept Seite 45

Kartoffelcarpaccio mit Egerlingen und Rosmarin

(Foto Seite 38)

4 mittelgroße Kartoffeln	waschen, schälen, abspülen und in sehr feine Scheiben schneiden, 4 Teller etwas einölen und dünn mit den Kartoffelscheiben belegen
1 Zweig Rosmarin	waschen, die Nadeln abzupfen und hacken die Kartoffelscheiben mit
Salz	
Pfeffer	würzen und mit
Sonnen- und Olivenöl	beträufeln, mit Rosmarin bestreuen je 2 Teller unter dem vorgeheizten Grill gratinieren und im unteren Backofenbereich warm halten
150 g Egerlinge	putzen, mit Küchenpapier abreiben, vierteln und in einer Pfanne mit
1 abgezogenen, zerkleinerten Knoblauchzehe	und Öl braten die Pilze auf dem Carpaccio anrichten und heiß servieren.

Kartoffelnester

1 kg Kartoffeln	waschen, schälen, abspülen, gut abtropfen lassen, auf einer groben Reibe raffeln
Fritierfett	in einer Friteuse auf 180 °C erhitzen, die Kartoffelraffeln in kleinen Portionen in eine in das heiße Fett getauchte Spezialform (Kartoffelnestform) geben, die gefüllte Form schließen, die Kartoffelnester in dem heißen Fett in 3–5 Minuten goldgelb fritieren, aus der Form klopfen, auf ein Backblech setzen, kurz vor dem Anrichten die Nester im Backofen nochmals erhitzen, mit
Salz	bestreuen.
Tip	Kartoffelnester mit feinem Gemüse füllen.

Kartoffelplätzchen-Variationen

	Für den Kartoffelteig
750 g Kartoffeln	waschen, dünn schälen, abspülen, in
Salzwasser	zum Kochen bringen, gar kochen lassen, abgießen, abdämpfen, sofort durch eine Kartoffelpresse geben, erkalten lassen, mit
1 Ei	
20 g Butter	verrühren, mit
Salz	
geriebener	
Muskatnuß	würzen.

Für Käse-Kartoffel-Plätzchen
die Kartoffelmasse mit

75 g geriebenem Emmentaler oder geriebenem Parmesan	vermischen, aus der Masse Rollen von etwa 5 cm Durchmesser formen, erkalten lassen, die Rollen in 2 cm dicke Scheiben schneiden oder Rauten formen, mit
Weizenmehl	bestäuben
Speiseöl	in einer Pfanne erhitzen, die Plätzchen bei mittlerer Hitze darin goldbraun braten.

Für Kartoffel-Speck-Plätzchen

75 g durchwachsenen Speck	fein würfeln
2 kleine Zwiebeln	abziehen, fein würfeln
	die Speckwürfel in einer Pfanne auslassen, die Zwiebelwürfel hinzufügen, glasig braten die Mischung unter den Kartoffelteig rühren
2 Eßl. gehackte Petersilie	untermengen
	aus der Masse Rollen von etwa 5 cm Durchmesser formen, erkalten lassen, die Rollen in 2 cm dicke Scheiben schneiden oder Rauten formen, mit
Weizenmehl	bestäuben
Speiseöl	in einer Pfanne erhitzen, die Plätzchen bei mittlerer Hitze darin goldbraun braten.

Kartoffelpraline mit Kopfsalat-Mais-Gemüse

600 g Kartoffeln	waschen, mit
Salz	
Kümmel	in Wasser zum Kochen bringen, in etwa 20 Minuten gar kochen lassen, abgießen, abdämpfen, pellen, durch die Kartoffelpresse drücken, mit Salz,
Pfeffer	
geriebener	
Muskatnuß	würzen, mit
3 Eigelb	zu einer glatten Masse verrühren
50 g Rote Bete	waschen, weich kochen, schälen (am besten mit einem Plastikhandschuh, da die Rote Bete stark färbt), kleinhacken
50 g Spinat	verlesen, putzen, waschen, 2 – 3 Minuten in
kochendem	
Salzwasser	blanchieren, abschrecken, kräftig ausdrücken, ebenfalls kleinhacken die Kartoffelmasse in drei gleich große Mengen teilen, unter einen Teil das Rote-Bete-Mus, unter den anderen das Spinat-Mus mengen, dem dritten Teil nichts beifügen, der Rote-Bete- und der Spinatmasse jeweils 1 Eßlöffel von
2 Eßl. Speisestärke	hinzumengen die drei Massen zu gleich vielen kleinen Bällchen formen, jeweils die Naturmasse etwas plattdrücken, darauf das Rote-Bete-Bällchen setzen, ebenfalls etwas plattdrücken, in die Mitte das Spinatbällchen geben, alles wieder zu Kugeln verschließen, die Kugeln leicht plattdrücken, in
5 Eßl. Sesamsamen	wenden
1 kleinen Kopfsalat	putzen, waschen, gut abtropfen lassen oder trocken-schleudern, in feine Streifen schneiden
1 rote Paprikaschote	halbieren, entstielen, entkernen, die weißen Scheidewände entfernen, die Schote waschen, in Würfel schneiden
1 Knoblauchzehe	abziehen, fein hacken
2 Eßl. Speiseöl	in einer Pfanne erhitzen, Kopfsalatstreifen, Paprikawürfel und Knoblauch kurz darin andünsten
100 g Mais	
(aus der Dose)	abtropfen lassen, hinzufügen
1 Eßl. Sojasauce	unterrühren, mit
Zucker	abschmecken
2 Teel. Speiseöl	erhitzen, die Kartoffelpralinen vorsichtig von beiden Seiten darin anbraten, herausnehmen, auf Küchenpapier abtropfen lassen, auf dem Gemüse anrichten.
Tip	Anstatt Mais oder zusätzlich gegarte Erbsen nehmen.

Kartoffelspatzen

750 g Kartoffeln **Salzwasser**	waschen, schälen, abspülen, in Stücke schneiden, in zum Kochen bringen, in etwa 20 Minuten gar kochen lassen, abgießen, heiß durch die Kartoffelpresse geben
3–4 Zwiebeln	abziehen, fein würfeln
150 g durchwachsenen Speck	in kleine Würfel schneiden, auslassen, die Zwiebelwürfel darin glasig dünsten lassen, mit
1 Bund feingeschnittenem Schnittlauch **3 Eigelb**	zu dem Kartoffelbrei geben alle Zutaten zu einem glatten Teig verkneten, kalt stellen aus dem Teig fingerdicke Würstchen formen
Butter oder Margarine	zerlassen, die Kartoffel-Spatzen darin portionsweise in 3–5 Minuten von allen Seiten goldbraun backen.

Kartoffelspießchen

(Foto Seite 39)

6–8 Kartoffeln	waschen, in Wasser zum Kochen bringen, in etwa 20 Minuten knapp gar kochen lassen, abgießen, abdämpfen, pellen, erkalten lassen
3–4 kurze, dicke Brühwürste	beide Zutaten in etwa 1 cm dicke Scheiben schneiden, abwechselnd auf Spieße stecken, mit
Salz **Pfeffer**	bestreuen
100 g Frühstücksspeckscheiben	um die Spieße wickeln
2 Eßl. Speiseöl	in einer Stielpfanne erhitzen, die Spieße darin von allen Seiten goldbraun braten, herausnehmen, warm stellen
3–4 Zwiebeln	abziehen, in dünne Scheiben schneiden, in dem Bratfett knusprig braun braten, mit den Kartoffel-Spießchen anrichten
1 Bund feingehackte Petersilie	darüberstreuen.

Specknudeln

(Foto Seite 40)

500 g Kartoffeln	waschen, in Wasser zum Kochen bringen, in 20 – 25 Minuten gar kochen lassen, abgießen, abdämpfen, pellen, bis zum nächsten Tag kalt stellen, auf einer feinen Reibe reiben, mit
250 g Weizenmehl	
2 Eiern	zu einem festen Teig verarbeiten, mit
Salz	
Pfeffer	
geriebener Muskatnuß	würzen, den Teig etwa 15 Minuten stehenlassen.

Für die Füllung

200 g durchwachsenen Speck	in kleine Würfel schneiden, auslassen
4 Zwiebeln	abziehen, fein würfeln, mit
1 Eßl. Butter	zu dem Speck geben, die Zwiebeln goldbraun braten
2 Bund feingehackte Petersilie	unterrühren, den Teig auf einer mit
Weizenmehl	bestreuten Arbeitsfläche zu einem Rechteck ausrollen, gleichmäßig mit der Speck-Zwiebel-Masse bestreichen, von der Längsseite her aufrollen, flachdrücken, in fingerdicke Scheiben schneiden, portionsweise in
kochendes Salzwasser	geben, zum Kochen bringen, in etwa 15 Minuten gar ziehen lassen, mit einem Schaumlöffel herausnehmen, auf Küchenpapier abtropfen lassen
4 Eßl. Speiseöl	in einer Stielpfanne erhitzen, die Specknudeln von beiden Seiten darin goldgelb backen.
Tip	Specknudeln zu Schweinebraten reichen.

Überbackene Kartoffeln

(Foto Seite 57)

1,5 kg festkochende Kartoffeln (8 große)	gründlich bürsten und abwaschen, Wasser zum Kochen bringen und die Kartoffeln etwa 30 Minuten weichgaren
2 Tomaten (100 g) **1 gelbe Paprikaschote** **1 grüne Paprikaschote**	putzen, waschen, fein würfeln
1 Pck. (250 g) Mozzarella-Rolle	fein würfeln
Petersilie	putzen, fein wiegen die Zutaten miteinander vermengen und mit
schwarzem Pfeffer Muskat	würzen die fertigen Kartoffeln abgießen, die obere Hälfte abschneiden und mit einem Löffel vorsichtig etwas aushöhlen mit dem Gemüse-Mozzarella-Gemisch füllen, bei mittlerer Hitze im vorgeheizten Backofen überbacken, bis der Käse zerläuft.

Beilagen

Bayerische Zwiebel-Kartoffeln

(Schnellkochtopf)

750 g Kartoffeln	schälen, waschen
500 g Gemüsezwiebeln	abziehen, halbieren beide Zutaten in Scheiben schneiden
125 g durchwachsenen Speck	in Würfel schneiden, die Hälfte der Speckwürfel in einen Schnellkochtopf geben, Kartoffel- und Zwiebelscheiben lagenweise einschichten, dabei jede Schicht mit etwas von
125 ml (⅛ l) Schlagsahne (30 % Fett)	begießen, mit
Salz	
Pfeffer	
Kümmel	bestreuen die restlichen Speckwürfel aus den Kartoffel- und Zwiebelscheiben verteilen, den Kochtopf schließen den Kochregler erst dann auf Stufe 2 schieben, wenn reichlich Dampf entwichen ist (nach etwa 1 Minute) nach Erscheinen des zweiten Ringes die Zwiebel-Kartoffeln etwa 4 Minuten garen lassen den Topf von der Kochstelle nehmen, den Kochregler langsam stufenweise zurückziehen, den Topf öffnen
Tip	Zwiebel-Kartoffeln zu kurzgebratenem Fleisch oder paniertem Fischfilet reichen.

Béchamelkartoffeln

750 g kleine Kartoffeln	waschen, in Wasser zum Kochen bringen, in 20 – 25 Minuten gar kochen lassen, abgießen, mit kaltem Wasser übergießen, pellen
75 g durchwachsenen Speck	in Würfel schneiden
1 Eßl. Butter	zerlassen, die Speckwürfel darin ausbraten
1 Zwiebel	abziehen, würfeln, darin andünsten, mit
25 g Weizenmehl	bestäuben, kurz miterhitzen
250 ml (¼ l) Fleischbrühe	
125 ml (⅛ l) Milch	
125 ml (⅛ l) Schlagsahne	hinzugießen, mit einem Schneebesen durchschlagen, darauf achten, daß keine Klumpen entstehen, die Sauce zum Kochen bringen, etwa 5 Minuten kochen lassen, mit
Salz	
Pfeffer	
geriebener Muskatnuß	würzen, die lauwarmen Kartoffeln in die Sauce schneiden, unter vorsichtigem Umrühren darin erhitzen
2 Eßl. gehackte Petersilie	unterrühren.

48

Bircher-Benner-Kartoffeln mit Kräuterquark

Für die Kartoffeln

600 g festkochende Kartoffeln	unter fließendem kaltem Wasser gut abbürsten, halbieren
2 Eßl. Speiseöl	mit
20 g Butter	erwärmen, die Anschnittseiten der Kartoffeln zuerst in das Fett eintauchen, dann mit
2 Eßl. Kümmel	bestreuen, mit der Schnittfläche nach unten auf ein Backblech legen, mit dem restlichen Fett beträufeln, mit
Salz	bestreuen, in den Backofen schieben
Ober-/Unterhitze	etwa 180 °C (vorgeheizt)
Heißluft	etwa 160 °C (nicht vorgeheizt)
Gas	etwa Stufe 3 (vorgeheizt)
Backzeit	etwa 45 Minuten.

Für den Kräuterquark

250 g Magerquark	mit
1 Teel. gehacktem Kerbel	
1 Teel. gehackter Petersilie	
1 Teel. Schnittlauch-röllchen	
1 Teel. gehacktem Dill	
Salz	
grob geschrotetem, buntem Pfeffer	
etwa 3 Eßl. Milch	verrühren, zu den gebackenen Kartoffeln reichen.

Bratkartoffeln auf dem Blech

1 kg Kartoffeln	waschen, schälen, abspülen, in Scheiben schneiden, auf ein gefettetes Backblech schichten, mit
Salz	
Pfeffer	würzen
2–3 Zwiebeln	abziehen, würfeln
200 g durchwachsenen Speck	in Würfel schneiden beide Zutaten über die Kartoffelscheiben geben, das Backblech in den Backofen schieben, die Kartoffeln braun braten lassen
Ober-/Unterhitze	etwa 220 °C (vorgeheizt)
Heißluft	etwa 190 °C (nicht vorgeheizt)
Gas	etwa Stufe 4 (vorgeheizt)
Backzeit	etwa 45 Minuten.

49

Brüh-Kartoffeln

750 g Kartoffeln	schälen, waschen, in Scheiben schneiden
1 Bund Suppengrün	putzen, in Scheiben schneiden, waschen
30 g Butter	
oder Margarine	zerlassen, das Suppengrün kurz darin andünsten, Kartoffelscheiben,
125 ml (⅛ l)	
Instant-Fleischbrühe	hinzufügen, gar kochen lassen, die Brüh-Kartoffeln mit
Salz	abschmecken
Garzeit	etwa 20 Minuten.

Buttermilch-Kartoffeln

1 ¼ kg Kartoffeln	schälen, waschen, in kleine Stücke schneiden, in
kochendes Salzwasser	geben, zum Kochen bringen, gar kochen
500 ml Buttermilch	mit
125 ml (¼ l) Milch	langsam unter Rühren zum Kochen bringen (Buttermilch darf nicht zu sehr ausflocken), etwa ⅔ der garen Kartoffeln pürieren, mit den restlichen Kartoffelstücken in die kochende Milch geben, zum Kochen bringen, gut aufkochen lassen
45 g Weizenmehl	mit
Wasser	anrühren, den Kartoffelbrei damit binden, mit
Zucker	abschmecken
125 g durchwachsenen Speck	in Würfel schneiden, auslassen
3 Zwiebeln	abziehen, würfeln, zu dem Speck geben, bräunen lassen, über die Buttermilch-Kartoffeln geben
Garzeit	etwa 40 Minuten.
Beilage	Gebratene Blutwurst, grüner Salat.

Chantilly-Kartoffeln

1 kg Kartoffeln	schälen, waschen, in Stücke schneiden, in so viel
Salzwasser	zum Kochen bringen, daß die Kartoffeln bedeckt sind
Kochzeit	15–20 Minuten, die garen Kartoffeln abgießen, abdämpfen, durch eine Kartoffelpresse auf eine gefettete, feuerfeste Platte oder Auflaufform drücken, glattstreichen, etwas festdrücken
1 Becher (150 g) Crème fraîche	mit
Salz	
Pfeffer	
Paprika edelsüß	
geriebener Muskatnuß	abschmecken, über die Kartoffeln verteilen, mit
125 g geriebenem Käse	bestreuen die Platte (Form) auf dem Rost in den vorgeheizten Backofen schieben
Strom	225–250 °C
Gas	4–5
Backzeit	etwa 15 Minuten Chantilly-Kartoffeln zu kurzgebratenem Fleisch reichen.

Dampf-Kartoffeln

1 kg Kartoffeln	schälen, waschen, in Scheiben schneiden
75 g fetten Speck	in Würfel schneiden, in einer Bratpfanne auslassen, die Kartoffelscheiben hineingeben, mit
Salz	bestreuen, zunächst zugedeckt, dann in der offenen Pfanne hellbraun braten
Bratzeit	20–30 Minuten

Dauphine-Kartoffeln

750 g Kartoffeln	waschen, schälen, abspülen, in
Salzwasser	zum Kochen bringen, in etwa 20–25 Minuten gar kochen lassen.

Für den Brandteig

250 ml (¼ l) Wasser	mit
50 g Butter	am besten in einem Stieltopf zum Kochen bringen
150 g Weizenmehl	mit
30 g Speisestärke	mischen, sieben, auf einmal in die von der Kochstelle genommene Flüssigkeit schütten, zu einem glatten Kloß rühren, unter Rühren etwa 1 Minute erhitzen, den heißen Kloß sofort in eine Rührschüsssel geben, nach und nach
4 Eier	unterrühren, weitere Eizugabe erübrigt sich, wenn der Teig stark glänzt und so vom Löffel abreißt, daß lange Spitzen hängenbleiben
1 gestr. Teel. Backpulver	in den erkalteten Teig rühren, die garen Kartoffeln abgießen, sofort durch die Kartoffelpresse geben, mit dem Brandteig vermengen, mit
Salz, Pfeffer, geriebener Muskatnuß	abschmecken
Fritierfett	in einer Friteuse auf 180 °C erhitzen, mit zwei, in das heiße Fett getauchten Teelöffeln kleine Bällchen von dem Teig abstechen, direkt vom Löffel in das heiße Fett gleiten lassen, portionsweise darin in 2–3 Minuten goldbraun fritieren, auf Küchenpapier abtropfen lassen.

Emmentaler Käsekartoffeln

(Schnellkochtopf)

1 kg Kartoffeln	waschen, schälen, abspülen, in Scheiben schneiden
50 g fetten Speck	in Würfel schneiden, im offenen Schnellkochtopf auslassen
2 Zwiebeln	abziehen, in Scheiben schneiden, in dem Speck hellgelb dünsten lassen, die Kartoffelscheiben hinzufügen
100 g geriebenen Emmentaler Käse	darüberstreuen, mit
Salz, Pfeffer, gerebeltem Majoran	würzen, gut verrühren
250 ml (¼ l) Instant-Fleischbrühe	hinzugießen, den Schnellkochtopf schließen, nach dem Erscheinen des 1. Ringes die Hitzezufuhr verringern und etwa 12 Minuten garen lassen, den Topf nach Vorschrift öffnen, die Kartoffeln mit
2 Eßl. feinge- schnittenem Schnittlauch	bestreuen.

Folienkartoffeln mit Kräuterquark

8 mittelgroße Kartoffeln	unter fließendem kaltem Wasser gründlich bürsten, abtrocknen, schräg einschneiden, mit
Salz	bestreuen, 8 Stück Alufolie mit
Speiseöl	bestreichen, jeweils 1 Kartoffel einpacken, auf den heißen Grillrost legen, etwa 40 Minuten grillen, Kartoffeln mehrmals wenden.

Für die Füllung

200 g Sahnequark	mit
2 Eßl. Crème fraîche	verrühren
1 große Zwiebel	abziehen, sehr klein würfeln, mit
1 Eßl. Schnittlauch- röllchen	
1 Eßl. gehackter Pimpinelle	unter den Quark rühren, mit
schwarzem Pfeffer	
Salz	würzen, die Päckchen vom Grill nehmen, die Folie öffnen, die Kartoffeln mit einer Gabel etwas aufreißen, den Kräuterquark darauf verteilen.
Tip	Anstatt mit Kräuterquark mit Kräuterbutter füllen. Dafür in jede Kartoffel mit Hilfe eines Apfelausstechers ein Loch stechen, mit Kräuterbutter füllen und die Kartoffeln in Alufolie gewickelt wie oben grillen.

Gemüse-Kartoffel-Fächer

1 Bund gemischte italienische Kräuter (Thymian, Basilikum, Majoran, Rosmarin)	abspülen, trockentupfen, die Blättchen von den Stengeln zupfen, grob hacken
3 Frühlingszwiebeln	putzen, waschen, in Stücke schneiden
600 g mittelgroße, festkochende Kartoffeln (Hansa)	waschen, schälen
400 g Zucchini	waschen, die Enden abschneiden
6 mittelgroße Tomaten	waschen, die Stengelansätze herausschneiden
10 große braune Champignons	putzen, waschen, das Gemüse in etwa ½ cm dicke Scheiben schneiden, eine große Auflaufform mit
Olivenöl	auspinseln, den Boden mit einem Teil der gehackten Kräuter und Zwiebeln bestreuen, darauf fächerförmig Kartoffel- und Gemüsescheiben schichten, die restlichen gehackten Kräuter und Zwiebeln darauf streuen, mit
Salz	
Pfeffer	
Knoblauchpulver	würzen, mit Olivenöl beträufeln, auf dem Rost in den Backofen schieben
Ober-/Unterhitze	180–200 °C (vorgeheizt)
Heißluft	150–170 °C (nicht vorgeheizt)
Gas	Stufe 3–4 (vorgeheizt)
Garzeit	etwa 30 Minuten.
Tip	Die Gemüse-Kartoffel-Fächer mit Kräutersträußchen aus Basilikum, Rosmarin und Majoran garnieren. Zu diesem Gericht Knoblauchbaguette und einen trockenen Weißwein reichen.

Geschmorte Kräuterkartoffeln

1 kg neue Kartoffeln	gut waschen, die Haut abbürsten, wieder waschen, in Scheiben schneiden
50 g Butterschmalz	erhitzen, die Kartoffelscheiben darin unter Wenden goldbraun braten, mit
Salz	
Pfeffer	würzen
2 – 3 Knoblauchzehen	
2 Zwiebeln	beide Zutaten abziehen, in Scheiben schneiden, zu den Kartoffeln geben, mitbraten lassen
125 ml (⅛ l) Instant-Fleischbrühe	hinzugießen, etwa 10 Minuten schmoren lassen
1 Bund Dill	
1 Bund glatte Petersilie	
1 Bund Schnittlauch	
1 Bund Sauerampfer	die Kräuter abspülen, vorsichtig trockentupfen, grob hacken, unter die Kartoffeln heben, sofort servieren
Garzeit	etwa 25 Minuten.
Beilage	Spiegeleier, Tomatensalat.

Griechische Kartoffeln

1 kg Kartoffeln	waschen, in so viel Wasser zum Kochen bringen, daß die Kartoffeln bedeckt sind, in etwa 20 Minuten gar kochen lassen, abgießen, abdämpfen, heiß pellen
3 Eßl. Olivenöl	erhitzen, die Kartoffeln darin etwa 10 Minuten braun braten lassen, mit
Salz	
Pfeffer	würzen
1 Eßl. feingehackte Oreganoblättchen	
1 Eßl. gehackte Basilikumblättchen	unterrühren, etwa 5 Minuten mitbraten lassen.

Herzogin-Kartoffeln

750 g Kartoffeln	waschen, schälen, abspülen, in Hälften schneiden, in
Salzwasser	zum Kochen bringen, in 20–25 Minuten gar kochen lassen, abgießen, abdämpfen, sofort durch die Kartoffelpresse geben, erkalten lassen, mit
1 Eiweiß	
1 Eßl. Speisestärke	verrühren, mit
Salz	
geriebener Muskatnuß	abschmecken, die Masse in einen Spritzbeutel mit großer Sterntülle füllen, in Form von Tuffs auf ein gefettetes Backblech spritzen
1 Eigelb	mit
1 Teel. Milch	verschlagen, den Kartoffelbrei damit bestreichen, das Blech in den Backofen schieben
Ober-/Unterhitze	200–220 °C (vorgeheizt)
Heißluft	180–200 °C (nicht vorgeheizt)
Gas	Stufe 4–5 (vorgeheizt)
Backzeit	10–12 Minuten.

Karamelkartoffeln

(Foto Seite 80)

750 g möglichst kleine, runde Kartoffeln	waschen, mit Wasser zum Kochen bringen, in 15–20 Minuten knapp gar kochen lassen, abgießen, abdämpfen, heiß pellen, die Kartoffeln warm stellen
50 g Zucker	in einer Pfanne unter ständigem Rühren so lange erhitzen, bis er goldbraun ist
50 g Butter	hinzufügen, zerlassen, mit
1 Teel. Weißwein	ablöschen, die Kartoffeln 5–10 Minuten darin schmoren lassen
100 g durchwachsenen Speck	in Würfel schneiden, auslassen
2 Äpfel	schälen, vierteln, entkernen, die Apfelviertel in Scheiben schneiden, zum Speck geben, kurze Zeit miterhitzen, zu den Kartoffeln geben.
Tip	Karamelkartoffeln zu kurzgebratenem Fleisch oder Grünkohl reichen.

56

Überbackene Kartoffeln, Rezept Seite 46

Kartoffel-Kroketten, Rezept Seite 61

Kartoffel-Zucchini-Gratin, Rezept Seite 85

Kräuterkartoffeln, Rezept Seite 66

Kartoffelkroketten

(Foto Seite 58)

750 g Kartoffeln	waschen, schälen, abspülen, in
Salzwasser	zum Kochen bringen, in 20–25 Minuten gar kochen lassen, abgießen, sofort durch die Kartoffelpresse geben, erkalten lassen, die Kartoffeln mit
2 Eigelb	verrühren, mit
Salz	
geriebener Muskatnuß	abschmecken, aus dem Teig knapp 2 cm dicke und 5 cm lange Röllchen formen, die Röllchen zunächst in
1 verschlagenen Ei	dann in
50 g Semmelbröseln	wenden, schwimmend in siedendem
Ausbackfett	2–3 Minuten goldbraun backen.
Veränderung	Anstelle der Röllchen Kugeln formen, für Mandel-Kroketten anstelle von Semmelbröseln abgezogene, gehobelte Mandeln (etwa 100 g) verwenden.

Kartoffel-Möhren-Gemüse

(2 Portionen)

200 g Möhren	putzen, schälen, waschen
500 g mehligkochende Kartoffeln	waschen, schälen, abspülen Möhren, Kartoffeln in etwa 1 cm große Würfel schneiden, die Gemüsewürfel mit
1 Lorbeerblatt	
3–4 gewaschenen Liebstöckelblätter oder Petersilienstengel	
125 ml (⅛ l) Wasser	in zum Kochen bringen, mit
griebener Muskatnuß	
frisch gemahlenem Pfeffer	würzen, bei schwacher Hitze etwa 15 Minuten dünsten lassen (Gemüse soll noch bißfest sein), Lorbeerblatt und Liebstöckelblätter aus dem gegarten Gemüse entfernen
2 Eßl. gehackte, glattblättrige Petersilie	
1 Eßl. saure Sahne	
2 gestr. Teel. Butter	untermischen, evtl. mit
Salz	abschmecken, sofort servieren.
Tip	Das Kartoffel-Möhren-Gemüse paßt gut zu Kurzgebratenem.

Kartoffel-Quark-Kroketten

750 g Kartoffeln	waschen, in Wasser zum Kochen bringen, in 20 – 25 Minuten gar kochen lassen, abgießen, mit kaltem Wasser übergießen, heiß pellen, durch die Kartoffelpresse drücken, abkühlen lassen
750 g Magerquark	mit
2 großen Eiern	verrühren, mit
Salz geriebener Muskatnuß gerebeltem Majoran	würzen, die Kartoffelmasse und
150 g Weizenmehl	unterkneten, aus dem Teig mit bemehlten Händen Kroketten formen
100 g Butterschmalz	erhitzen, die Kroketten darin in etwa 12 Minuten goldbraun braten lassen.

Kartoffelboden

1 kg Kartoffeln	waschen, schälen, abspülen, größere Kartoffeln ein- oder zweimal durchschneiden, in
Salzwasser	zum Kochen bringen, in etwa 25 Minuten gar kochen lassen, abgießen, heiß durch die Kartoffelpresse geben, kalt stellen
75 g Butter oder Margarine	geschmeidig rühren, nach und nach Kartoffeln,
3 Eier 50 g geriebenen Käse Salz geriebene Muskatnuß	hinzufügen den Kartoffelteig in eine gefettete, mit
Semmelbröseln	ausgestreute Springform (∅ etwa 24 cm) füllen, glattstreichen die Form auf dem Rost in den Backofen schieben
Ober-/Unterhitze	200 – 220 °C (vorgeheizt)
Heißluft	180 – 200 °C (nicht vorgeheizt)
Gas	Stufe 3 – 4 (vorgeheizt)
Backzeit	etwa 30 Minuten.
Tip	Wie eine Torte in Stücke geschnitten zu Gulasch oder Schmorbraten reichen.

Kartoffelmus mit Knoblauchcreme

1 kg Kartoffeln	waschen, in Wasser zum Kochen bringen, in 20 – 25 Minuten gar kochen, abgießen, abdämpfen, pellen, noch warm durch die Presse drücken oder mit einem Kartoffelstampfer zerdrücken
250 ml (¼ l) Milch **250 ml (¼ l) Schlagsahne**	unterrühren, mit
Salz, Pfeffer etwas geriebener Muskatnuß	würzen.

Für die Knoblauchcreme

10 große Knoblauchzehen	abziehen, grob hacken
2 Eßl. Butter	zerlassen, den Knoblauch darin weichdünsten
2 Eßl. Schlagsahne	hinzufügen, noch etwa 10 Minuten weiterdünsten, bis der Knoblauch cremig ist, mit
Salz, Pfeffer	abschmecken.
Tip	Kartoffelmus mit Knoblauchcreme zu saftig gegrillten Steaks oder gegrillten Würstchen reichen.

Kartoffeln, pikant

600 g Kartoffeln	waschen, in Wasser zum Kochen bringen, in 20 – 25 Minuten gar kochen lassen, abgießen, abdämpfen, heiß pellen, warm stellen.

Für die Sauce

1 kleine Zwiebel	abziehen, würfeln
40 g Butter	zerlassen
30 g Weizenmehl	mit den Zwiebelwürfeln unter Rühren so lange darin erhitzen, bis es hellgelb ist
250 ml (¼ l) Fleischbrühe **250 ml (¼ l) Schlagsahne**	beide Zutaten hinzugießen, mit einem Schneebesen durchschlagen, darauf achten, daß keine Klumpen entstehen, die Sauce zum Kochen bringen, etwa 5 Minuten kochen lassen die Sauce mit
Salz, Pfeffer abgeriebener Schale von 1 Zitrone (unbehandelt) 1 Eßl. Gurkenessig	abschmecken
100 g Gewürzgurken	in sehr dünne Scheiben schneiden, mit den Kartoffeln,
1 Eßl. gehacktem Dill	in die Sauce geben, zum Kochen bringen, etwa 5 Minuten darin ziehen lassen.

Kartoffelrouladen

(Foto Seite 120)

500 g mehlig- kochende Kartoffeln **Salzwasser**	waschen, schälen, abspülen, in Stücke schneiden, in zum Kochen bringen, in etwa 20 Minuten gar kochen lassen, abgießen, etwas abkühlen lassen, fein hacken oder reiben, mit
100 g Weizenmehl **50 g Speisestärke** **50 g Weizengrieß** **2 Eigelb** **25 g zerlassener Butter** **Salz**	zu einem glatten Teig verarbeiten.

Für die Füllung

250 g durchwachsenen Speck **1 Zwiebel**	in kleine Würfel schneiden, auslassen abziehen, fein würfeln, zu dem Speck geben, so lange erhitzen, bis sie goldbraun ist
1 Eßl. gehackte Petersilie **½ Teel. gehackte Majoranblätter** **Weizenmehl** **1 Stoffserviette** **Butter**	unterrühren, abkühlen lassen den Kartoffelteig auf einer mit bestreuten Arbeitsfläche zu einem Rechteck ausrollen, gleichmäßig mit der Füllung bestreichen, aufrollen gut mit bestreichen, die Kartoffelroulade darin einrollen, die Enden mit Küchengarn zubinden, in kochendes Salzwasser geben, zum Kochen bringen, in 30–35 Minuten gar ziehen lassen, herausnehmen, kurz in kaltes Wasser tauchen, Fäden entfernen, auswickeln, die Roulade in Scheiben schneiden, mit
20 g zerlassener Butter **gehackter Petersilie**	beträufeln, mit bestreut servieren.

Kartoffelspiralen

1 kg Kartoffeln	waschen, schälen, abspülen, mit einem Sparschäler oder Spargelschäler von der Spitze her sehr dünne, aber breite, lange Spiralen abschälen, sofort in kaltes Wasser geben, herausnehmen, auf einem Küchentuch gut trocknen lassen
Fritierfett	in einer Friteuse auf 180 °C erhitzen, die Kartoffel-Spiralen darin portionsweise in 3 – 5 Minuten knusprig braun fritieren
Salz	mit
Currypulver	
Paprika edelsüß	mischen, die Spiralen damit bestreuen, sofort servieren.
Tip	Die Kartoffelspiralen in kleinen Portionen fritieren.

Knoblauchkartoffeln

8 große Kartoffeln	unter fließendem kaltem Wasser gründlich bürsten, in so viel Wasser geben, daß die Kartoffeln bedeckt sind, zum Kochen bringen
1 Eßl. Kümmel	hinzufügen, die Kartoffeln gar kochen lassen, abgießen, abdämpfen
	Für die Knoblauchbutter
125 g weiche Butter	mit
5 Eßl. Parmesan-Käse	
1 Eßl. Crème fraiche	
3 abgezogenen, zerdrückten Knoblauchzehen	
2 Eßl. gehackter Petersilie	verrühren, mit
Pfeffer	würzen die Kartoffeln längs halbieren, nebeneinander in eine gefettete flache Gratinform setzen, die Schnittflächen mit der Knoblauchbutter bestreichen, die Form auf dem Rost in den vorgeheizten Backofen oder unter den Grill schieben
Ober-/Unterhitze	etwa 250 °C
Heißluft	etwa 230 °C
Gas	etwa Stufe 6
Back-/Grillzeit	10 – 15 Minuten.
Beigabe	grüner Blattsalat mit Dillsahne.

Kräuterkartoffeln

(Foto Seite 60)

750 – 1000 g kleine, festkochende Kartoffeln	waschen, in Wasser zum Kochen bringen, in 20 – 25 Minuten gar kochen, abgießen, abdämpfen lassen, heiß pellen, erkalten lassen
2 – 3 Eßl. Butter	zerlassen, die Kartoffeln darin von allen Seiten in etwa 10 Minuten braun braten lassen, mit
Salz	
Pfeffer	würzen
1 Eßl. gehackte Thymianblättchen	
1 Eßl. gehackte Lavendelblättchen	
1 Eßl. gehackte Basilikumblättchen	unterrühren, 2 – 3 Minuten mitbraten lassen die Kräuterkartoffeln sofort servieren.
Tip	Anstatt der oben genannten Kräuter andere verwenden, z. B. Rosmarin oder Kerbel.

Lorettekartoffeln

1 kg Kartoffeln	waschen, schälen, abspülen, in
Salzwasser	zum Kochen bringen, in 15 – 20 Minuten gar kochen lassen, abgießen, abdämpfen, sofort durch die Kartoffelpresse geben, die Kartoffelmasse erkalten lassen, mit
3 Eigelb	
25 g Butter	
geriebener Muskatnuß	verrühren
60 g geriebenen Parmesan	untermengen, die Kartoffelmasse in einen Spritzbeutel mit glatter Tülle füllen, lange zylinderförmige Streifen auf die bemehlte Arbeitsfläche spritzen, diese schräg in etwa 5 cm lange Stücke schneiden, die Stücke zu Halbbogen formen, auf ein mit
Speiseöl	bestrichenes Backpapier setzen
1 – 1½ l Fritierfett	in einer Friteuse auf 180 °C erhitzen, die Kartoffelhalbbogen portionsweise darin in 2 – 3 Minuten goldbraun fritieren, auf Küchenpapier abtropfen lassen.
Tip	Die Halbbogen lassen sich leichter in das heiße Fett geben, wenn man sie mit dem Backpapier hineintaucht. Das Papier wird anschließend entfernt.

Lyoner Kartoffeln

1 kg Kartoffeln	schälen, waschen, in große Würfel schneiden
2 Eßl. Schweineschmalz	im offenen Schnelltopf erhitzen
2 große Zwiebeln	abziehen, in Scheiben schneiden, in dem Schmalz goldgelb dünsten lassen
1 Eßl. Weizenmehl	darüber stäuben
250 ml (¼ l) Weißwein	hinzugießen, gut verrühren die Kartoffeln hineingeben, mit
Salz	
Pfeffer	würzen, den Schnelltopf schließen, garen lassen
1 Teel. Weizenmehl	mit
1 Eßl. kaltem Wasser	anrühren, unter die Kartoffeln rühren, kurz aufkochen lassen
Garzeit	etwa 10 Minuten.

Macaire-Kartoffeln

1 kg Kartoffeln	waschen, schälen, abspülen, in Stücke schneiden, in
Salzwasser	zum Kochen bringen, in etwa 15 Minuten gar kochen lassen, abgießen, abdämpfen, sofort durch die Kartoffelpresse geben
1 – 2 Eßl. Butter	unterrühren, mit
Salz	
Pfeffer	
geriebener Muskatnuß	würzen
150 g Butter	in einer Pfanne zerlassen, den Kartoffelteig portionsweise hineingeben, etwas flachdrücken, von beiden Seiten goldbraun backen.

Majorankartoffeln

1 kg Kartoffeln	waschen, schälen, abspülen, in Würfel schneiden, in
300 ml (2 Tassen) kochende Fleischbrühe	geben, zum Kochen bringen, nach Belieben mit
Salz	würzen
1 Teel. fein-gehackten Majoran	hinzufügen, in etwa 20 Minuten gar kochen lassen (Fleischbrühe soll fast verkocht sein).

Mangold unter der Kartoffelhaube

1 kg mehlig-kochende Kartoffeln	mit wenig Wasser 30–40 Minuten gar kochen, pellen, noch heiß durch die Kartoffelpresse drücken, mit
Salz	
Muskatnuß	
2 Eigelb	
20 g Butter	vermischen, inzwischen
1 ½ kg Mangold	waschen, Stiele vom Strunk schneiden, schlechte Stellen entfernen, Blattrippen herausschnitzen, in Streifen schneiden
1 Zwiebel	abziehen, fein würfeln, in
20 g Margarine	mit dem Stielgemüse andünsten, mit
Salz	
Pfeffer	würzen, mit
200 ml Schlagsahne	angießen, 15 Minuten dünsten, die Blätter in kochendem Salzwasser 4 Minuten blanchieren, abtropfen lassen, in feine Streifen schneiden mit
1 zerdrückten Knoblauchzehe	
2 Eßl. Olivenöl	würzen in eine hohe Auflaufform zuunterst das Stielgemüse einfüllen, darauf die Blätter verteilen, das Kartoffelpüree mit
100 g geriebenem Parmesan	verrühren
3 Eiweiß	steif schlagen, unterziehen diese Kartoffelmasse auf das Gemüse streichen, auf dem Rost in die mittlere Schiene des vorgeheizten Backofens schieben
Ober-/Unterhitze	200 °C
Heißluft	180 °C
Gas	Stufe 3
Backzeit	35–40 Minuten.

Nußkartoffeln

750 g Kartoffeln	waschen, in Wasser zum Kochen bringen, in 20–25 Minuten gar kochen lassen, abgießen, abdämpfen, sofort durch die Kartoffelpresse geben, erkalten lassen die Masse mit
2 Eigelb **1 gut geh. Teel. Speisestärke** **100 g fein-** **gewürfeltem Schinken**	verrühren, mit
Salz **geriebener Muskatnuß**	abschmecken, aus dem Teig mit bemehlten Händen knapp 2 cm dicke und 5 cm lange Röllchen formen, die Röllchen zunächst in
1 verschlagenen Ei	dann in
75 g gehobelten **Haselnußkernen**	wenden
Fritierfett	in einer Friteuse auf 180 °C erhitzen, die Nußkartoffeln darin portionsweise in 2–3 Minuten goldbraun fritieren.

Pommes chips

500 g Kartoffeln	waschen, schälen, abspülen, große Kartoffeln halbieren, in dünne Scheiben schneiden, gut trockentupfen
Fritierfett	in einer Friteuse auf 180 °C erhitzen, die Kartoffelscheiben darin in 1–2 Minuten portionsweise halbgar backen, sobald sich die Kartoffelscheiben hellbraun färben, sie mit einem Schaumlöffel herausnehmen, auf einem Durchschlag abtropfen lassen, wenn die Scheiben abgekühlt sind, sie noch einmal in das heiße Fett geben, etwa 3 Minuten braun und knusprig fritieren, erkalten lassen, mit
Salz	bestreuen.

Pommes frites

1 kg Kartoffeln	waschen, schälen, abspülen, in gleich lange, bleistiftdicke Streifen schneiden, mit einem Küchentuch gut abtrocknen
Fritierfett	in einer Friteuse auf 180 °C erhitzen, die Kartoffelstreifen darin in 2 Minuten halbgar backen (nicht zu viel Kartoffeln auf einmal in das Fett geben, da sie sich in dem Fettbad nicht berühren dürfen, außerdem kühlt das Fett zu stark ab), sobald sich die Spitzen der Kartoffelstreifen gelb färben, sie mit einem Schaumlöffel herausnehmen, auf einem Durchschlag abtropfen lassen, wenn die Streifen abgekühlt sind, sie noch einmal für 4 – 5 Minuten in das heiße Fett geben, braun und knusprig fritieren, mit
Salz	bestreuen, sofort servieren.

Rosmarinkartoffeln mit Schmandsauce

800 g kleine, mehlig-kochende Kartoffeln	unter fließendem kaltem Wasser gründlich abbürsten, kreuzweise einschneiden
1 Topf Rosmarin	abspülen, die Nadeln und die kleinen Spitzen abschneiden, mit den Kartoffeln in den gewässerten Kartoffelröster geben, den Topf auf dem Rost in den kalten Backofen schieben
Ober-/Unterhitze	etwa 200 °C
Heißluft	etwa 180 °C
Gas	Stufe 3 – 4
Garzeit	50 – 60 Minuten.

Für die Schmandsauce

1 Becher (250 g) Schmand	mit
1 Teel. körnigem Senf	
3 – 4 Eßl. Schlagsahne	
Salz	
Pfeffer	verrühren
2 Eßl. gehackte Kräuter, z. B. Petersilie, Schnittlauch	unterrühren, zu den Kartoffeln servieren.

Senf-Kartoffeln

1 kg Kartoffeln	waschen, in Wasser zum Kochen bringen, in 20 – 30 Minuten gar kochen lassen, abgießen, sofort pellen, erkalten lassen, in Scheiben schneiden
für die Senfsauce	
30 g Butter oder Margarine	zerlassen
30 g Weizenmehl	unter Rühren so lange darin erhitzen, bis es hellgelb ist
500 ml (½ l) Wasser	hinzugießen, mit einem Schneebesen durchschlagen, darauf achten, daß keine Klumpen entstehen, die Soße zum Kochen bringen, etwa 5 Minuten kochen lassen
2 schwach gehäufte Eßl. Senf	hinzufügen, die Soße mit
Salz	abschmecken, die Kartoffeln hinzufügen, etwa 10 Minuten darin ziehen lassen, mit
Essig	
Zucker	abschmecken

Spanische Kartoffeln

1 kg Kartoffeln	waschen, schälen, abspülen, in dünne Scheiben schneiden oder hobeln, kurze Zeit in kaltes Wasser legen, herausnehmen, gut abtropfen lassen, in eine gefettete feuerfeste Form legen
125 ml (⅛ l) Milch	mit
250 ml (¼ l) Schlagsahne	
3 Eiern	verrühren, mit
Salz	
Pfeffer	würzen, gleichmäßig über die Kartoffelscheiben verteilen
20 g Butter	in Flöckchen darauf setzen, auf dem Rost in den Backofen schieben
Ober-/Unterhitze	150 – 170 °C (vorgeheizt)
Heißluft	130 – 150 °C (nicht vorgeheizt)
Gas	Stufe 2 – 3 (vorgeheizt)
Backzeit	50 – 60 Minuten.

Streichholzkartoffeln

1 kg Kartoffeln	waschen, schälen, abspülen, in gleichmäßig lange, etwa streichholzgroße Stäbchen schneiden, eine Zeitlang in kaltes Wasser legen, gut abtropfen lassen
Fritierfett	in einer Friteuse auf 180 °C erhitzen, die Kartoffelstäbchen darin portionsweise in 3–5 Minuten goldgelb fritieren, auf Haushaltspapier abtropfen lassen, die Streichholzkartoffeln mit
feinem Salz	bestreut servieren.

Überbackene Käsekartoffeln

800 g Kartoffeln	waschen, in Wasser zum Kochen bringen, in etwa 25 Minuten gar kochen, abkühlen lassen.

Für die Füllung

200 g Frischkäse mit Kräutern **100 g Gorgonzola**	in eine Schüssel geben, mit dem Handrührgerät mit Rührbesen verrühren
100 g gekochten mageren Schinken	in sehr kleine Würfel schneiden
1 Eigelb	mit
1 Teel. Kümmel	verrühren, mit den Schinkenwürfeln unter die Käsemasse heben, mit
Salz **Pfeffer**	abschmecken die Kartoffeln mit der Schale der Länge nach halbieren, die Kartoffelhälften mit einem Teelöffel etwas aushöhlen, das Ausgehöhlte mit einer Gabel zerdrücken und unter die Käse-Schinken-Masse mischen die Kartoffelhälften damit füllen, die gefüllten Kartoffelhälften in eine Auflaufform geben, auf dem Rost in den Backofen schieben
Ober-/Unterhitze	etwa 220 °C (vorgeheizt)
Heißluft	etwa 200 °C (nicht vorgeheizt)
Gas	Stufe 4–5 (vorgeheizt)
Backzeit	15 Minuten.

Aufläufe
und Gratins

Feiner Kartoffelauflauf

1 kg Kartoffeln	waschen, in so viel Wasser zum Kochen bringen, daß die Kartoffeln bedeckt sind, in 20–25 Minuten gar kochen, abgießen, abdämpfen, heiß pellen, die Kartoffeln in Scheiben schneiden
250 g gekochten Schinken	in Würfel schneiden. Kartoffeln und Schinken abwechselnd lagenweise in eine gefettete, feuerfeste Form schichten, die einzelnen Lagen mit
Salz	
Pfeffer	bestreuen
125 ml (⅛ l) Fleischbrühe	mit
1 Becher (150 g) Crème fraîche	
2 Eiern	verrühren, mit
Salz	
Pfeffer	
geriebener Muskatnuß	würzen, die Sauce über die Kartoffeln gießen, mit
75 g geriebenem mittelaltem Gouda	bestreuen, mit
30 g Butterflöckchen	belegen, die Form auf dem Rost in den Backofen schieben
Ober-/Unterhitze	etwa 200 °C (vorgeheizt)
Heißluft	etwa 180 °C (nicht vorgeheizt)
Gas	etwa Stufe 4 (vorgeheizt)
Backzeit	etwa 30 Minuten.
Tip	Dazu frischen Spargel reichen.

Gratin de Pommes

1 Bund Frühlings- zwiebeln	putzen, waschen, in Ringe schneiden
200 g große, weiße Champignons	putzen, mit Küchenpapier abreiben, in Scheiben schneiden
20 g Butter	zerlassen. das Gemüse darin kurz andünsten, mit
Salz	
Pfeffer	würzen
750 g mehligkochende Kartoffeln	waschen, schälen, abspülen, in dünne Scheiben schneiden
3 Äpfel	schälen, vierteln, entkernen, in dünne Scheiben schneiden

200 ml Schlagsahne	mit Salz, Pfeffer,
2 Eigelb	
geriebener	
Muskatnuß	verrühren, die Hälfte der Kartoffeln in eine mit
Butter	gefettete Gratinform schichten, mit Salz, Pfeffer bestreuen Frühlingszwiebeln und Champignons darauf verteilen, darauf die Apfelscheiben, dann die andere Hälfte der Kartoffeln einschichten, die Eiermilch darübergeben
100 g geriebenen	
Emmentaler	darüberstreuen
30 g Butterflöckchen	darauf verteilen
Ober-/Unterhitze	175 – 200 °C (nicht vorgeheizt)
Heißluft	150 – 180 °C (nicht vorgeheizt)
Gas	etwa Stufe 3 (nicht vorgeheizt)
Backzeit	35 – 45 Minuten.

Holländisches Kartoffelgratin

600 g mehligkochende	
Kartoffeln	waschen, schälen, abspülen, in dünne Scheiben schneiden
1 kleine Stange	
Porree (Lauch)	putzen, halbieren, waschen, in dünne Ringe schneiden
1 Knoblauchzehe	abziehen, mit
Salz	zerdrücken, eine feuerfeste Form damit ausreiben, mit
Butter	ausfetten
	zuerst die Lauchringe einstreuen, dann die Kartoffelscheiben dachziegelartig darauf legen, mit Salz,
Pfeffer	würzen
250 ml (¼ l)	
Schlagsahne	mit
1 Ei	
80 g geriebenem	
Pikantje van Gouda	verrühren, mit Salz, Pfeffer,
geriebener	
Muskatnuß	würzen, über die Kartoffeln geben
30 g Butter	in Flöckchen darauf setzen, die Form auf dem Rost in den Backofen schieben
Ober-/Unterhitze	etwa 200 °C (vorgeheizt)
Heißluft	etwa 180 °C (nicht vorgeheizt)
Gas	Stufe 3 – 4 (vorgeheizt)
Backzeit	etwa 40 Minuten.
Tip	Dazu paßt ein Feldsalat mit Radieschen und Vinaigrette.

Kartoffel-Apfel-Gratin

400 g festkochende Kartoffeln	gründlich waschen, in
Salzwasser	zum Kochen bringen, gar kochen lassen, abgießen, die Kartoffeln pellen, abkühlen lassen, in dünne Scheiben schneiden eine Pie-Form (∅ etwa 28 cm) mit
Butter	ausfetten, mit
Semmelbröseln	ausstreuen
300 g säuerliche Äpfel, z. B. Boskop	schälen, vierteln, entkernen, in Scheiben schneiden
200 g Tomaten	kurze Zeit in kochendes Wasser legen (nicht kochen lassen), in kaltem Wasser abschrecken, enthäuten, die Stengelansätze herausschneiden, in Scheiben schneiden Kartoffel-, Apfel- und Tomatenscheiben abwechselnd dachziegelartig in die vorbereitete Form einschichten, mit etwas
Salz	
Pfeffer	
200 g Frischkäse mit Kräutern	mit
125 ml (⅛ l) Schlagsahne	
1 Ei	vermengen, über das Gratin verteilen
Ober-/Unterhitze	etwa 200 °C (vorgeheizt)
Heißluft	etwa 180 °C (nicht vorgeheizt)
Gas	Stufe 3 – 4 (vorgeheizt)
Garzeit	etwa 30 Minuten 5 Minuten vor Ende der Garzeit
4 Eßl. Sonnenblumenkerne	über das Gratin streuen.

Kartoffel-Käse-Auflauf, Rezept Seite 81

Kartoffelsoufflé, Rezept Seite 89

Kartoffel-Zucchini-Auflauf, Rezept Seite 85

Karamelkartoffeln, Rezept Seite 56

Kartoffelauflauf mit Hackfleisch und Porree, Rezept Seite 87

Kartoffel-Grünkern-Auflauf

2 mittelgroße Zwiebeln	abziehen, fein würfeln
2 Eßl. Sojaöl	erhitzen, die Zwiebelwürfel,
200 g Grünkern (ganzes Korn)	darin andünsten
500 ml (½ l) Gemüsebrühe	hinzugießen, zugedeckt etwa 20 Minuten garen
4 Eier	mit
150 g Crème fraîche	verrühren
750 g Kartoffeln	waschen, schälen, abspülen, damit sie nicht braun werden, sofort grob in die Eiermasse reiben, mit
Salz	
Pfeffer	
geriebener Muskatnuß	würzen, in eine mit
Sojaöl	gefettete Auflaufform zuerst die Hälfte der Kartoffelmasse, in die Mitte Grünkern, als Abschluß den Rest der Kartoffelmasse geben, mit
100 g geriebenem Emmentaler	bestreuen, die Form auf dem Rost in den Backofen schieben
Ober-/Unterhitze	180 – 200 °C (vorgeheizt)
Heißluft	160 – 180 °C (nicht vorgeheizt)
Gas	Stufe 3 – 4 (vorgeheizt)
Backzeit	etwa 40 Minuten, den Auflauf mit
1 Eßl. Petersilienblättchen	garnieren.

Kartoffel-Käse-Auflauf

(Foto Seite 77 – 1 Portion)

250 g Kartoffeln	waschen, schälen, abspülen, in dünne Scheiben schneiden, in Salzwasser einige Minuten kochen, abtropfen lassen
1 kleine Stange Porree (Lauch)	in Ringe schneiden
2 kleine Möhren	putzen, schälen, waschen, grob raspeln, das Gemüse in kochendem Salzwasser einige Minuten blanchieren, die Kartoffeln und das Gemüse in eine mit
1 Teel. Olivenöl	ausgepinselte Form schichten
40 g Schmelzkäse-Creme Relish	mit
1 Eßl. fettarmer Milch	gut verquirlen und darüber gießen, 15 – 20 Minuten überbacken.

Kartoffel-Pilz-Auflauf

750 g kleine, festkochende Kartoffeln	waschen, in so viel
Salzwasser	zum Kochen bringen, daß die Kartoffeln bedeckt sind, 20 – 25 Minuten kochen, die garen Kartoffeln abgießen, abdämpfen, pellen, in Scheiben schneiden
300 g Champignons	putzen, waschen, in Scheiben schneiden
2 Zwiebeln	
1 Knoblauchzehe	beide Zutaten abziehen, fein würfeln
1 – 2 Eßl. Butter	zerlassen, die Zwiebelwürfel darin andünsten, die Champignonscheiben hinzufügen, mit
Kräutersalz	
Pfeffer	
geriebener Muskatnuß	
Currypulver	
gerebeltem Thymian	würzen, im geschlossenen Topf etwa 5 Minuten dünsten lassen
½ Becher (75 g) Crème fraîche	unterrühren, die Hälfte der Kartoffelscheiben in eine gefettete, feuerfeste Form geben, mit
Salz, Currypulver	bestreuen
50 – 75 g Butterkäse	in Würfel schneiden, darauf verteilen, die Pilzmasse darüber geben, mit den restlichen Kartoffelscheiben bedecken, mit Salz, Currypulver bestreuen
½ Becher (75 g) Crème fraîche	darauf geben, glattstreichen
50 – 75 g Butterkäse	grob raffeln, darüberstreuen
Butter	in Flöckchen darauf setzen, die Form auf dem Rost in den vorgeheizten Backofen schieben
Ober-/Unterhitze	225 – 250 °C
Heißluft	200 – 225 °C
Gas	Stufe 4 – 5
Backzeit	etwa 30 Minuten.

Kartoffel-Quark-Auflauf

1 kg Kartoffeln	in Wasser zum Kochen bringen, in 20–25 Minuten gar kochen, abgießen, abdämpfen, noch heiß pellen, erkalten lassen, in Scheiben schneiden, in eine gefettete Auflaufform schichten, jede Schicht mit
Salz, Pfeffer	bestreuen
250 g Speisequark	mit
3 Eiern	
100 ml Schlagsahne	
3 Eßl. weicher Butter	verrühren, mit Meersalz würzen
3 Eßl. gehackte Kräuter	unterrühren, die Quark-Masse gleichmäßig auf die Kartoffeln verteilen
20 g Butter	in Flöckchen darauf setzen, die Form auf dem Rost in den Backofen schieben
Ober-/Unterhitze	200–220 °C (vorgeheizt)
Heißluft	180–200 °C (nicht vorgeheizt)
Gas	Stufe 3–4 (vorgeheizt)
Backzeit	etwa 30 Minuten.
Beilage	Radicchio mit Feldsalat.

Kartoffel-Rosenkohl-Gratin

500 g mehligkochende Kartoffeln	waschen, in Wasser zum Kochen bringen, in 20–25 Minuten gar kochen, abgießen, abdämpfen, pellen, abkühlen lassen,
500 g Rosenkohl	von den schlechten äußeren Blättern befreien, etwas vom Strunk abschneiden, die Röschen halbieren, in
kochendem Salzwasser	etwa 8 Minuten garen, gut abtropfen lassen die Kartoffeln in Scheiben schneiden, in Reihen abwechselnd mit dem Rosenkohl in eine gefettete Gratinform schichten, mit
Salz, Pfeffer geriebener Muskatnuß	würzen
125 ml (⅛ l) Schlagsahne	darübergießen, mit
80 g geriebenem Pikantje van Gouda	bestreuen
30 g Butter	in Flöckchen darauf setzen die Form auf dem Rost in den Backofen schieben
Ober-/Unterhitze	etwa 200 °C (vorgeheizt)
Heißluft	etwa 180 °C (nicht vorgeheizt)
Gas	Stufe 3–4 (vorgeheizt)
Backzeit	etwa 20 Minuten der Käse muß goldgelb überbacken sein.

Kartoffel-Sellerie-Gratin

250 g Knollensellerie	schälen, putzen, waschen, in Scheiben schneiden
400 g festkochende	
Kartoffeln	waschen, schälen, abspülen, in dünne Scheiben schneiden (Gemüsehobel), etwa 30 Minuten wässern, damit der Stärkeanteil vermindert wird
	eine große, flache, feuerfeste Form mit
Olivenöl	ausfetten, Kartoffel- und Selleriescheiben fächerförmig einschichten, mit
125 ml (⅛ l)	
Fleischbrühe	begießen, mit
Salz	
Pfeffer	
gerebeltem	
Thymian	bestreuen, mit
75 ml Olivenöl	beträufeln, die Form auf dem Rost in den Backofen schieben
Ober-/Unterhitze	etwa 180 °C (vorgeheizt)
Heißluft	etwa 150 °C (nicht vorgeheizt)
Gas	etwa Stufe 3 (vorgeheizt)
Backzeit	etwa 20 Minuten
	die Form herausnehmen, mit
40 g geriebenem	
Parmesan	bestreuen, noch einmal kurz im Ofen gratinieren lassen
Ober-/Unterhitze	200–220 C
Heißluft	190 C
Gas	Stufe 4–5
Backzeit	3–5 Minuten
	das Gratin mit
1 Thymianzweig	garniert servieren.
Tip	Sie können für ein besonderes Essen den Sellerie durch 20 mittelgroße Steinpilze ersetzen. Mit einem herzhaften Salat als Zwischengericht oder als Beilage zu Wildgerichten reichen.

Kartoffel-Zucchini-Auflauf

(Foto Seite 79 – 1 Portion)

250 g Kartoffeln	waschen, schälen, abspülen, in wenig Salzwasser etwa 15 Minuten vorgaren, abkühlen lassen, in Scheiben schneiden
150 g Zucchini	waschen, abtrocknen, die Enden abschneiden, Zucchini der Länge nach in mehrere Scheiben schneiden
2 große Tomaten (etwa 200 g)	waschen, achteln, Stengelansätze entfernen
Distelöl	das Gemüse in einer kleinen, mit wenig ausgestrichenen, feuerfesten Form schichtweise anordnen
3 Eßl. Milch	
Salz, Pfeffer	
Muskat	mit
1 Ei	verquirlen, über das Gemüse gießen
20 g Käse	reiben, darüberstreuen
Ober-/Unterhitze	etwa 200 °C (vorgeheizt)
Heißluft	etwa 180 °C (vorgeheizt)
Gas	Stufe 3 – 4 (vorgeheizt)
Garzeit	etwa 15 Minuten.

Kartoffel-Zucchini-Gratin

(Foto Seite 59)

250 g Kartoffeln	waschen, in Wasser zum Kochen bringen, in 20 – 25 Minuten gar kochen lassen, abgießen, abdämpfen, heiß pellen, in Scheiben schneiden
250 g Zucchini	waschen, die Enden abschneiden, die Zucchini in Scheiben schneiden Kartoffel- und Zucchinischeiben schuppenartig in eine gefettete, flache Auflaufform schichten
2 Knoblauchzehen	abziehen, durch die Knoblauchpresse geben, mit
250 ml (¼ l) Schlagsahne	verrühren, mit
Meersalz	
schwarzem Pfeffer	würzen
1 Eßl. gehackte Estragonblättchen	unterrühren, über das Gemüse gießen
50 g geriebenen Emmentaler Käse	darüberstreuen
30 g Butter	in Flöckchen darauf setzen die Form auf dem Rost in den Backofen schieben
Ober-/Unterhitze	etwa 220 °C (vorgeheizt)
Heißluft	etwa 200 °C (nicht vorgeheizt)
Gas	etwa Stufe 4 (vorgeheizt)
Backzeit	20 – 25 Minuten.

85

Kartoffelauflauf mit Broccoli

500 g Kartoffeln	waschen, in Wasser zum Kochen bringen, in 20–25 Minuten gar kochen lassen, pellen, sofort durch die Kartoffelpresse geben
2 Roggenbrötchen	in Wasser einweichen
4 Eier	trennen, das Eiweiß steif schlagen, von
400 g Broccoli	die Blätter entfernen, den Broccoli waschen, in Röschen teilen, die Röschen in
kochendem Salzwasser	etwa 4 Minuten blanchieren
150 g gekochten Schinken	in Streifen schneiden
125 g weiches Butterschmalz	mit Handrührgerät mit Rührbesen schaumig rühren, das Eigelb, die ausgedrückten Brötchen und die Kartoffelmasse unterrühren, anschließend Broccoliröschen, Schinkenstreifen und das steifgeschlagene Eiweiß unterheben, mit
Salz	
Pfeffer	
geriebener Muskatnuß	
1 Teel. gerebeltem Majoran	abschmecken
1 Eßl. feingehackte Petersilie	unterrühren, die Masse in eine gefettete Auflaufform füllen
30 g Butter	zerlassen
50 g Semmelbrösel	unterrühren, auf dem Auflauf verteilen, die Form auf dem Rost in den Backofen schieben
Ober-/Unterhitze	180–200 °C (vorgeheizt)
Heißluft	160–180 °C (nicht vorgeheizt)
Gas	Stufe 3–4 (vorgeheizt)
Backzeit	etwa 35 Minuten.

Kartoffelauflauf mit Hackfleisch und Porree

(Foto Seite 80)

750 g Kartoffeln	waschen, in Wasser zum Kochen bringen, in 20–25 Minuten gar kochen lassen, abgießen, abdämpfen, heiß pellen, erkalten lassen, in Scheiben schneiden
4 Stangen Porree (Lauch, etwa 500 g)	putzen, waschen, den Lauch in Scheiben schneiden, gründlich waschen, in
kochendes Salzwasser	geben, zum Kochen bringen, 2–3 Minuten kochen, abtropfen lassen
2 Zwiebeln und 2 Knoblauchzehen	beide Zutaten abziehen, fein würfeln
2 Eßl. Speiseöl	erhitzen, Zwiebel- und Knoblauchwürfel darin glasig dünsten lassen
500 g Gehacktes (halb Rind-, halb Schweinefleisch)	unter Rühren darin braun braten lassen, dabei die Fleischklümpchen zerdrücken, das Hackfleisch mit
Salz Pfeffer Cayennepfeffer	würzen
250 g saure Sahne	mit
2 Eßl. gehackter Petersilie	verrühren, mit Salz, Pfeffer würzen, eine feuerfeste Form ausfetten, die Hälfte der Kartoffelscheiben und der Porreeringe hineingeben, mit Salz bestreuen, die Hälfte der Sahne darauf verteilen, die Hackfleischmasse darauf geben, die restlichen Kartoffelscheiben und Porreeringe einfüllen, mit Salz bestreuen, mit der restlichen Sahne bedecken
50 g geriebenen Emmentaler Käse	darüberstreuen
20 g Butter	in Flöckchen darauf setzen, die Form in den Backofen schieben, den Auflauf goldbraun backen
Ober-/Unterhitze	etwa 200 °C (vorgeheizt)
Heißluft	etwa 180 °C (nicht vorgeheizt)
Gas	Stufe 3–4 (vorgeheizt)
Backzeit	25–30 Minuten.

Kartoffelgratin

2 Knoblauchzehen	abziehen, in Scheiben schneiden, mit
Salz	zerdrücken, das Knoblauchmus am Rand und am Boden einer gefetteten Auflaufform verteilen
1 kg Kartoffeln	waschen, schälen, abspülen, in dünne Scheiben schneiden
250 g durchwachsenen	
Speck	in Würfel schneiden, auslassen
4 große Zwiebeln	abziehen, in sehr dünne Ringe schneiden, zu dem Speck geben, andünsten
	Kartoffeln, Speck und Zwiebeln abwechselnd in die Auflaufform einschichten, jede Lage mit
Salz, Pfeffer	bestreuen, die oberste Schicht soll aus Kartoffeln bestehen
500 ml (½ l) Schlagsahne	darübergießen, mit
Semmelbröseln	bestreuen, die Form mit Alufolie verschließen, auf dem Rost in den Backofen schieben, etwa 30 Minuten vor Beendigung der Backzeit die Folie entfernen
Ober-/Unterhitze	200–220 °C (vorgeheizt)
Heißluft	180–200 °C (nicht vorgeheizt)
Gas	Stufe 3–4 (vorgeheizt)
Backzeit	etwa 1 ½ Stunden.

Kartoffelgratin in Senfsauce

800 g mehligkochende	
Kartoffeln	waschen, schälen, abspülen, in 2 mm dünne Scheiben schneiden
2 l Salzwasser	zum Kochen bringen, Kartoffelscheiben hineingeben, einmal aufkochen lassen, Wasser abgießen, die Kartoffelscheiben in eine gefettete, flache Gratinform geben, mit
Pfeffer	bestreuen
1 mittelgroße Zwiebel	
1 Knoblauchzehe	beide Zutaten abziehen, fein würfeln
30 g Butter	zerlassen, Zwiebel- und Knoblauchwürfel darin andünsten
2 Eßl. grob-körnigen Senf	
250 ml (¼ l) Gemüsebrühe	
0,1 g Safranfäden	hinzufügen, verrühren
125 ml (⅛ l) Schlagsahne	unterrühren, mit
Salz	abschmecken
	die Sauce über die Kartoffeln gießen, mit
50 g geriebenem Käse	bestreuen
20 g Butter	in Flöckchen darauf setzen, die Form auf dem Rost in den Backofen schieben

Ober-/Unterhitze	etwa 200 °C (vorgeheizt)
Heißluft	etwa 180 °C (nicht vorgeheizt)
Gas	etwa Stufe 4 (vorgeheizt)
Backzeit	etwa 40 Minuten.
Tip	Das Kartoffelgratin paßt zu gebratenem Fleisch.

Kartoffelsoufflé

(Foto Seite 78)

750 g Kartoffeln	waschen, schälen, abspülen, halbieren, in
Salzwasser	zum Kochen bringen, in etwa 20 Minuten gar kochen lassen, abgießen, abdämpfen, heiß durch die Kartoffelpresse geben, kalt stellen
60 g Butter	geschmeidig rühren, nach und nach den Kartoffelbrei,
3 Eigelb	
70 g geriebenen Käse	
Meersalz	
geriebene Muskatnuß	hinzufügen
3 Eiweiß	steif schlagen, unterheben, die Masse in eine gefettete, mit
Vollkornsemmelbröseln	ausgestreute, feuerfeste Form füllen (sie darf höchstens zu ¾ gefüllt sein), mit
30 g geriebenem Käse	bestreuen
20 g Butter	in Flöckchen darauf setzen, die Form auf dem Rost in den Backofen schieben
Ober-/Unterhitze	200 – 220 °C (vorgeheizt)
Heißluft	180 – 200 °C (nicht vorgeheizt)
Gas	Stufe 3 – 4 (vorgeheizt)
Backzeit	1 Stunde.
Beilage	Gewürzgurken
Tip	Ein Soufflé sollte so heiß wie möglich serviert werden, da es beim Abkühlen leicht zusammenfällt.

Kohlrabi-Kartoffel-Gratin

(Foto Seite 97)

	Von
3–4 kleinen Kohlrabi (etwa 500 g)	die Blätter entfernen, die Kohlrabi schälen, waschen
500 g Kartoffeln	waschen, schälen, abspülen
3–4 Zwiebeln	abziehen
	die 3 Zutaten in dünne Scheiben schneiden
150 g Salami (in Scheiben)	in Streifen schneiden, eine flache Auflaufform ausfetten, die Zutaten abwechselnd einschichten (die untere und die obere Schicht sollten aus Kartoffelscheiben bestehen), Kohlrabi- und Kartoffelschichten jeweils mit etwas von
200 g geriebenem Emmentaler Käse	bestreuen, mit
Salz	
Pfeffer	würzen
250 ml (¼ l) Milch	mit
125 ml (⅛ l) Schlagsahne	
2 Eiern	verschlagen, mit Salz,
Paprika edelsüß	würzen, über den Auflauf gießen, den restlichen Käse mit
2–3 Eßl. Semmelmehl	vermengen, über den Auflauf streuen
1–2 Eßl. Butter	zerlassen, darüber träufeln, die Form auf dem Rost in den Backofen schieben, den Auflauf nach etwa der Hälfte der Garzeit mit Pergamentpapier oder mit Alufolie abdecken, damit er nicht zu dunkel wird
Ober-/Unterhitze	etwa 200 °C (vorgeheizt)
Heißluft	etwa 180 °C (nicht vorgeheizt)
Gas	etwa Stufe 3 (vorgeheizt)
Backzeit	etwa 45 Minuten.

Krabben-Kartoffel-Gratin

800 g Kartoffeln	waschen, schälen, abspülen, in sehr dünne Scheiben schneiden, schuppenförmig in eine gefettete, flache Auflaufform schichten, mit
Salz	
Pfeffer	bestreuen
1 Becher (125 g) Kräuter-Crème-fraîche	mit
1 Eigelb	
Knoblauchpulver	verrühren, mit Salz und Pfeffer abschmecken, die Masse über die Kartoffeln verteilen, die Form auf dem Rost in den Backofen schieben

Ober-/Unterhitze	etwa 200 °C (vorgeheizt)
Heißluft	etwa 180 °C (nicht vorgeheizt)
Gas	Stufe 3–4 (vorgeheizt)
Backzeit	etwa 40 Minuten
	anschließend
150 g Shrimps	auf dem Gratin verteilen
30 g Butter	in Flöckchen darauf setzen, nochmals für 10 Minuten in den Backofen schieben.

Kürbis-Kartoffel-Auflauf mit Schafskäse

750 g Kürbis	schälen, die Kerne herauskratzen
500 g Kartoffeln	waschen, schälen, abspülen, beide Zutaten in Scheiben schneiden, mit
Salz	
Pfeffer	würzen, zugedeckt stehenlassen
1 Knoblauchzehe	abziehen, zerdrücken
2 Zwiebeln	abziehen, würfeln, in
1 Eßl. Speiseöl	erhitzen, die Zwiebelwürfel darin goldgelb dünsten Kürbis- und Kartoffelscheiben in
Weizenmehl	wenden
2 Eßl. Speiseöl	erhitzen, die beiden Zutaten portionsweise darin schnell von beiden Seiten braun anbraten
400 g Schafskäse	grob zerkrümeln, eine gefettete Auflaufform mit der Hälfte der Kartoffel- und Kürbisscheiben auslegen, mit den Zwiebeln bedecken, die Hälfte des Käses darüber verteilen, mit den restlichen Kartoffeln und dem Kürbis bedecken, den restlichen Käse darüberstreuen
2 Eier	mit
125 ml (⅛ l) Schlagsahne	verschlagen, mit Salz, Pfeffer,
geriebener Muskatnuß	würzen
1 Bund glatte Petersilie	abspülen, trockentupfen, fein hacken, unterrühren, die Masse über den Auflauf gießen, die Form auf dem Rost in den Backofen schieben
Ober-/Unterhitze	etwa 220 °C (vorgeheizt)
Heißluft	etwa 200 °C (nicht vorgeheizt)
Gas	etwa Stufe 5 (vorgeheizt)
Backzeit	etwa 40 Minuten.

Rheinischer „Döbbekooche"

1 kg mehligkochende Kartoffeln	waschen, schälen, abspülen, grob reiben
4 mittelgroße Zwiebeln	abziehen, in dünne Scheiben schneiden, die Hälfte von
60 g Butterschmalz	zerlassen, die Zwiebelscheiben darin andünsten, mit der Kartoffelmasse vermischen
4 Eier	verquirlen, mit
Salz	
Pfeffer	kräftig abschmecken, unter die Kartoffel-Zwiebel-Masse heben, die Masse in eine mit
Butterschmalz	gefettete Gratinform füllen
200 g durchwachsenen Speck	fein würfeln, das restliche Butterschmalz in einer Pfanne erhitzen, die Speckwürfel unter Rühren darin anbräunen, über den Auflauf geben die Form auf dem Rost in den Backofen schieben
Ober-/Unterhitze	etwa 200 °C (vorgeheizt)
Heißluft	etwa 180 °C (nicht vorgeheizt)
Gas	Stufe 3 – 4 (vorgeheizt)
Backzeit	etwa 40 Minuten.

Würziges Kartoffelgratin

1 kg Kartoffeln	schälen, waschen, in dünne Scheiben schneiden, in kaltes Wasser legen, gut abtropfen lassen
2 Knoblauchzehen	abziehen, durch die Knoblauchpresse drücken
8 Frühlingszwiebeln	putzen, das dunkle Grün bis auf etwa 15 cm entfernen, die Knollen evtl. abziehen, waschen, kleinschneiden, die Kartoffelscheiben mit den beiden Zutaten in eine gefettete feuerfeste Form geben
125 ml (⅛ l) Milch	mit
250 ml (¼ l) Schlagsahne	
3 Eiern	verrühren, mit
Meersalz	
frisch gemahlenem Pfeffer	
geriebener Muskatnuß	würzen, über die Kartoffeln verteilen
50 g Käse	reiben, über die Kartoffeln streuen
Butter	in Flöckchen darauf setzen, die Form auf dem Rost in den Backofen schieben
Ober-/Unterhitze	150 – 170 °C (vorgeheizt)
Heißluft	130 – 150 °C (nicht vorgeheizt)
Gas	Stufe 2 – 3 (vorgeheizt)
Backzeit	50 – 60 Minuten.

Hauptgerichte

Backhendl mit Kartoffelsalat

Für den Kartoffelsalat

750 g Salatkartoffeln waschen, mit Wasser zum Kochen bringen, in etwa 25 Minuten gar kochen lassen, abgießen, heiß pellen, lauwarm in feine Scheiben schneiden

250 ml (¼ l) Wasser zum Kochen bringen

2 gestrichene Teel. Salz
2 Eßl. Kräuter-Essig
1 Messerspitze Pfeffer
1 gestrichenen Teel. Zucker hinzufügen, so lange rühren, bis alles gelöst ist, die Kartoffelscheiben mit der Marinade übergießen, etwa 15 Minuten darin ziehen lassen, mit einem Schaumlöffel herausnehmen

4 gehäufte Eßl. Mayonnaise mit der restlichen Marinade verrühren

2 mittelgroße Gewürzgurken in Scheiben schneiden
1 mittelgroßen Apfel schälen, vierteln, entkernen, in dünne Scheiben schneiden
1 Zwiebel abziehen, würfeln die drei Zutaten mit den Kartoffelscheiben zu der Mayonnaise geben, vorsichtig vermengen, den Salat gut durchziehen lassen, evtl. nochmals mit

Salz
Pfeffer
Essig abschmecken, mit
Tomatenachteln
Petersilie garnieren

Für das Backhendl

1 küchenfertiges Hähnchen (etwa 1 kg) unter fließendem kaltem Wasser abspülen, trockentupfen, in 8 Portionsstücke teilen

1 Ei mit
1 Messerspitze Pfeffer
1 Messerspitze Paprika edelsüß
1 gestrichenen Teel. Salz verschlagen, die Hähnchenstücke darin wenden, rundherum fest in
Semmelbrösel drücken, schwimmend in siedendem
Ausbackfett in etwa 10 Minuten goldbraun backen (evtl. Garprobe machen), auf Haushaltspapier abtropfen lassen das erkaltete Backhendl zu dem Kartoffelsalat reichen.

Braten mit Kartoffelkruste

1 ½ kg Schinkenbraten	unter fließendem kaltem Wasser abspülen, trockentupfen, mit
Salz	
Pfeffer	einreiben, in eine Rostbratpfanne legen, mit
2 Eßl. erhitztem Speiseöl	übergießen, in den Backofen schieben, sobald der Bratensatz bräunt, etwas
heißes Wasser	hinzugießen, das Fleisch ab und zu mit dem Bratensatz begießen, verdampfte Flüssigkeit nach und nach ersetzen
für die Kruste	
1 kg Kartoffeln	schälen, waschen, in
Salzwasser	zum Kochen bringen, gar kochen lassen, abgießen, abdämpfen, erkalten lassen, durch die feine Scheibe des Fleischwolfs drehen, mit
250 g saurer Sahne	
40 g Weizenmehl	
2 Eßl. Butter	vermengen, mit Salz abschmecken, den Braten aus dem Backofen nehmen, die Kartoffelmasse gleichmäßig darauf streichen, mit
1 Eßl. zerlassener Butter	beträufeln
1 Eßl. Semmelbrösel	darüberstreuen, den Braten wieder in den Backofen schieben, so lange erhitzen, bis die Kruste knusprig ist, den garen Braten auf einer vorgewärmten Platte anrichten, warm stellen, den Bratensatz mit Wasser loskochen, durch ein Sieb gießen
150 ml trockenen Weißwein	hinzugießen, zum Kochen bringen
1 – 2 Teel. Speisestärke	mit
1 Eßl. Wasser	anrühren, den Bratensatz damit binden, nach Belieben mit Salz, Pfeffer abschmecken, die Sauce zu dem Fleisch reichen
Ober-/Unterhitze	200 – 220 °C (vorgeheizt)
Heißluft	180 – 200 °C (nicht vorgeheizt)
Gas	Stufe 3 – 4 (vorgeheizt)
Bratzeit	etwa 2 Stunden.

Bratheringe mit Bratkartoffeln

Von

800 g grünen Heringen die Köpfe abschneiden, die Heringe unter fließendem kaltem Wasser innen und außen abspülen, trockentupfen, mit

Salz
weißem Pfeffer würzen, leicht in
4 Eßl. Weizenmehl wenden, überschüssiges Mehl abklopfen
4 Eßl. Butter zerlassen, die Heringe von jeder Seite – je nach Größe – etwa 2 ½ Minuten darin braten, herausnehmen, mit Küchenpapier abtupfen.

Für die Marinade

2 Zwiebeln abziehen, in feine Scheiben schneiden
2 Möhren putzen, schälen, waschen, längs halbieren, mit
2 Petersilienstengeln
250 ml (¼ l) Weißweinessig
250 ml (¼ l) Wasser
1 Lorbeerblatt
8 Senfkörnern
5 Pfefferkörnern in einen Topf geben, etwa 3 Minuten kochen, mit Salz und Pfeffer abschmecken
die Bratheringe in eine Schüssel legen, mit den Zwiebelscheiben bedecken, die Marinade darübergießen, die Heringe 5 – 6 Stunden ziehen lassen
400 g Kartoffeln waschen, in Wasser zum Kochen bringen, in 20 – 25 Minuten kochen lassen, abgießen, abdämpfen, heiß pellen, in Scheiben schneiden

50 g durchwachsenen Speck in Würfel schneiden, in einer Pfanne auslassen,
2 Eßl. Butter hinzufügen, die Kartoffelscheiben darin unter Wenden in etwa 5 Minuten goldbraun braten
die Bratheringe filetieren, mit den Bratkartoffeln anrichten.

96

Kohlrabi-Kartoffel-Gratin, Rezept Seite 90

Himmel und Erde, Rezept Seite 105

Kartoffelpizza, Rezept Seite 110

Bauernfrühstück, Rezept Seite 126

Buntes Paprikagemüse in der Kartoffelbordüre

2 rote, 2 grüne und 2 gelbe Paprikaschoten	halbieren, entstielen, entkernen, die weißen Scheidewände entfernen, die Schoten waschen, in grobe Würfel oder Streifen schneiden
4 Frühlingszwiebeln	putzen, in nicht zu dünne Scheiben schneiden
1 kleines Bund Majoran	abspülen, grob hacken
2 Eßl. Pflanzenöl	erhitzen, Paprikawürfel in das heiße Öl geben, andünsten, mit
Salz frisch gemahlenem Pfeffer Paprika edelsüß	würzen, mit
125 ml (⅛ l) Gemüsebrühe	ablöschen, das Gemüse in etwa 10 Minuten knackig gar dünsten, 2 Minuten vor Beendigung der Garzeit Frühlingszwiebeln und Majoran dazugeben, fertig garen.

Für die Kartoffelbordüre

1 kg geschälte Kartoffeln	in Salzwasser in 20–25 Minuten gar kochen, mit
250 ml (¼ l) Milch 75 g Butter	mit einem Pürierstab oder einem Kartoffelstampfer zu einem festen Püree verarbeiten, mit Salz,
geriebener Muskatnuß	abschmecken, das Püree in einen Spritzbeutel mit gezackter Tülle füllen, in eine große Auflaufform einen Kranz spritzen
1 Ei	mit
2 Eßl. Milch	verquirlen, den Kranz damit bestreichen, auf dem Rost in den Backofen schieben, leicht anbräunen lassen
Ober-/Unterhitze	etwa 220 °C (vorgeheizt)
Heißluft	etwa 200 °C (nicht vorgeheizt)
Gas	Stufe 4–5 (vorgeheizt)
Backzeit	etwa 10 Minuten das Paprikagemüse nochmals erhitzen, in der Kartoffelbordüre anrichten.

Große Kartoffel-Hack-Roulade

Für den Teig

**1 Packung
„gekochte Klöße"
für 500 ml (½ l) Wasser** nach der Vorschrift auf der Packung zubereiten

**50 g geriebenen
Gouda-Käse** unterrühren, die Kartoffel-Masse nach Vorschrift quellen lassen.

Für die Füllung

**1 Brötchen
(vom Vortage)** in kaltem Wasser einweichen, gut ausdrücken

1 Zwiebel abziehen, würfeln die beiden Zutaten mit

**500 g Gehacktem
(halb Rind-, halb
Schweinefleisch)
2 Eiern
1 Teel. scharfem
Senf
2 Eßl. Tomaten-Ketchup** vermengen, mit

**Salz
frisch gemahlenem
Pfeffer**

Paprika edelsüß würzen, die Kartoffelmasse auf der mit

Weizenmehl bestreuten Arbeitsfläche zu einem Rechteck von 30 × 35 cm ausrollen, die Fleisch-Masse gleichmäßig darauf verteilen, das Teig-Rechteck mit der Füllung aufrollen, die Teigrolle in die gefettete Schlemmer-Pfanne legen, mit

**100 g durchwachsenen
Speckscheiben** belegen, die Pfanne auf dem Rost in den Backofen schieben

Ober-/Unterhitze 200 – 220 °C (vorgeheizt)

Heißluft 180 – 200 °C (nicht vorgeheizt)

Gas Stufe 3 – 4 (vorgeheizt)

Backzeit etwa 1 Stunde.

Beilage Feldsalat.

Hackbraten auf Kartoffel-Gratin

1 altbackenes Brötchen	in Wasser einweichen, anschließend gut ausdrücken
1 Bund Petersilie	abspülen, trockentupfen und fein hacken, beides mit
1 Ei	
500 g gemischtem Hackfleisch	vermischen, den Fleischteig mit
Salz	
½ Teel. Senf	
Pfeffer aus der Mühle	
geriebener Muskatnuß	kräftig würzen
200 g Pikantje van Gouda	in dicke Scheiben schneiden, den Fleischteig zu einem flachen, länglichen Laib formen, in die Mitte den Käse einlegen und mit Fleischteig umschließen, in eine gebutterte Auflaufform setzen, die Form sollte möglichst groß sein, mit
1 gehäuften Teel. Kräuter der Provence	bestreuen
1 kg mehligkochende Kartoffeln	schälen und in dünne Scheiben hobeln, mit Salz, Pfeffer und Muskat kräftig würzen, einen Teil von
125 ml (⅛ l) Milch oder Schlagsahne	hinzugeben, gut mischen, Kartoffeln um den Hackbraten schichten, restliche Sahne hinzugießen, den Auflauf in den kalten Backofen schieben
Ober-/Unterhitze	etwa 200 °C
Heißluft	160 – 170 °C
Gas	Stufe 3 – 4
Backzeit	etwa 60 Minuten.

Hähnchengeschnetzeltes im Kartoffelring

Für den Kartoffelring

750 g mehligkochende Kartoffeln waschen, schälen, abspülen, kleinschneiden, in wenig Wasser zum Kochen bringen, abgießen, abdämpfen, sofort durch die Kartoffelpresse drücken oder mit einem Kartoffelstampfer zerdrücken, mit

125 ml (⅛ l) heißer Milch
2 gestr. Teel. Butter oder Margarine zu einem glatten Brei verrühren, mit
geriebener Muskatnuß
Salz
Pfeffer abschmecken
2 Eßl. gehackte Petersilie oder 2 Eßl. gehackten Kerbel unterrühren, das Püree warm stellen.

Für das Hähnchengeschnetzelte

250 g Hähnchenbrustfilet unter fließendem kaltem Wasser abspülen, trockentupfen, in Streifen schneiden
2 Zwiebeln abziehen, halbieren, in feine Würfel schneiden
1 Eßl. Speiseöl erhitzen, das Fleisch darin kräftig anbraten, die Zwiebelwürfel hinzufügen, goldgelb dünsten
100 ml Wasser dazugießen, mit
½ Teel. Paprika edelsüß
1 Teel. Kräuter der Provence
1 Teel. zerdrückten, grünen Pfefferkörnern würzen, bei schwacher Hitze etwa 5 Minuten schmoren lassen

300 g tiefgekühlte Erbsen unterrühren, 10 Minuten mitgaren lassen
2 Eßl. gehackte Kräuter (z. B. Estragon oder glatte Petersilie) unterrühren
das Geschnetzelte mit wenig Salz abschmecken, eine Kranzform ausfetten, mit

gehackten Walnußkernen ausstreuen
vor dem Servieren das heiße Püree in die Form füllen, leicht andrücken, auf eine vorgewärmte Platte stürzen, in die Mitte des Kartoffelringes füllen.

Himmel und Erde

(Foto Seite 98)

750 g Kartoffeln	waschen, schälen, abspülen, in Würfel schneiden
375 g Äpfel	schälen, vierteln, entkernen, in Stücke schneiden
375 ml (⅜ l) Wasser	mit
Salz	
Zucker	zum Kochen bringen, die Kartoffelwürfel hineingeben, zum Kochen bringen, etwa 15 Minuten kochen lassen, die Apfelstücke hinzufügen, zum Kochen bringen, in etwa 10 Minuten gar kochen lassen, das Gericht mit Salz und Zucker abschmecken, in eine vorgewärmte Schüssel geben
2 große Zwiebeln	abziehen, in Scheiben schneiden
100 g fetten Speck	in Würfel schneiden, auslassen, die Zwiebeln darin bräunen, die Speckzwiebeln über dem Gericht verteilen.

Kartoffelkrusteln mit Kräutern

1 ½ kg Kartoffeln	waschen, schälen, abspülen, in etwa gleich große Stücke schneiden, in
Salzwasser	zum Kochen bringen, in etwa 20 – 25 Minuten gar kochen lassen in der Zwischenzeit
2 Schalotten	abziehen, in Würfel schneiden
100 g Champignons	putzen, mit Küchenpapier abreiben, evtl. abspülen, in Würfel schneiden
2 Bund Petersilie	
2 Bund Schnittlauch	abspülen, trockentupfen, fein hacken alle Zutaten in
20 g Butter	andünsten, beiseite stellen die garen Kartoffeln abgießen, abdämpfen, durch eine Kartoffelpresse drücken oder zerstampfen, Kartoffelmasse mit den übrigen Zutaten,
3 Eigelb	
4 Eßl. Speisestärke	
80 g Butter	gut vermischen, mit
Salz, Pfeffer	
geriebener Muskatnuß	abschmecken Kartoffelteig zu länglichen Rollen formen, in
etwas Weizenmehl	wenden
2 Eiweiß	verschlagen, die Kartoffelrollen darin wenden, in
etwas Semmelbröseln	wenden, leicht andrücken die fertigen Kartoffelkrusteln in
siedendem Ausbackfett	ausbacken, bis sie eine goldgelbe Farbe haben.

105

Kartoffelkuchen

750 g Kartoffeln	waschen, in Wasser zum Kochen bringen, in 20 – 25 Minuten gar kochen lassen, abgießen, abdämpfen, heiß pellen, sofort durch die Kartoffelpresse geben oder zerstampfen
3 Eier	mit
Salz	
Pfeffer	verschlagen
250 g Fleischwurst	enthäuten, in Würfel schneiden
	beide Zutaten mit der Kartoffelmasse,
2 Pck. (je 200 g) grünem Pfeffer-Quark	verrühren, in eine gefettete feuerfeste Form füllen
2 Eßl. abgezogene, gehobelte Mandeln	darüberstreuen
30 g Butter	in Flöckchen darauf setzen die Form auf dem Rost in den Backofen schieben
Ober-/Unterhitze	etwa 200 °C (vorgeheizt)
Heißluft	etwa 180 °C (nicht vorgeheizt)
Gas	etwa Stufe 4 (vorgeheizt)
Backzeit	etwa 40 Minuten.

Kartoffelkuchen mit Tomatensauce

750 g mehligkochende Kartoffeln	waschen, in Wasser zum Kochen bringen, in 20 – 25 Minuten gar kochen lassen, abgießen, abdämpfen
200 g gekochten Schinken	in Würfel schneiden
1 Zwiebel	abziehen, fein würfeln
20 g Butterschmalz	zerlassen, Schinken- und Zwiebelwürfel darin andünsten die gepellten Kartoffeln durch die Kartoffelpresse drücken oder zerstampfen, mit dem Schinken, der Zwiebel,
2 Eigelb	
2 Eiern	
Salz	
weißem Pfeffer	
½ Teel. gerebeltem Majoran	
geriebener Muskatnuß	verrühren
2 Eiweiß	steif schlagen

200 ml Schlagsahne steif schlagen, die Hälfte beiseite stellen, Eiweiß und Sahne unterheben
den Kartoffelteig in eine gefettete, mit

20 g Semmelbröseln ausgestreute Puddingform füllen, den Deckel schließen, die Form in einen hohen Kochtopf stellen, so viel

heißes Wasser dazugießen, daß die Form zu etwa ⅔ im Wasser steht, erhitzen, den Kartoffelkuchen in etwa 60 Minuten gar kochen, herausnehmen, noch 10 Minuten in der Form stehenlassen.

Für die Sauce
30 g Butterschmalz erhitzen
25 g Weizenmehl darin unter Rühren erhitzen, bis es hellgelb ist
125 ml (⅛ l) Gemüsebrühe
125 ml (⅛ l) Milch hinzugießen, zugedeckt bei milder Hitze etwa 10 Minuten kochen, mit Salz, Pfeffer, geriebener Muskatnuß abschmecken

3 mittelgroße Tomaten (etwa 250 g) kurze Zeit in kochendes Wasser legen (nicht kochen lassen), in kaltem Wasser abschrecken, enthäuten, vierteln, die Stengelansätze herausschneiden, die Tomaten in Stücke schneiden, zusammen mit der zurückgelassenen Sahne unter die Sauce rühren, alles erhitzen, aber nicht mehr aufkochen

1 Eßl. gehackte Petersilie
1 Eßl. Schnittlauchröllchen unterrühren
die Puddingform kurze Zeit in kaltes Wasser tauchen, den Kuchen rundherum am Rand mit einem spitzen Messer lösen, auf eine Platte stürzen, in Scheiben schneiden, mit der Sauce überziehen, warm servieren.

Kartoffelmaultaschen mit Rauke-Butter-Sauce

(etwa 20 Stück)

Für die Füllung

30 g Butter	zerlassen
200 g Champignons	putzen, mit Küchenpapier abreiben, evtl. abspülen, fein würfeln, in der Butter andünsten, mit
Salz	
Pfeffer	würzen
1 Fleischtomate	kurze Zeit in kochendes Wasser legen (nicht kochen lassen), in kaltem Wasser abschrecken, enthäuten, den Stengelansatz herausschneiden, die Tomate vierteln, entkernen, in feine Würfel schneiden Tomatenwürfel,
50 g Crème double	unterrühren, erkalten lassen
1 ½ kg mehligkochende Kartoffeln	waschen, in Wasser zum Kochen bringen, in etwa 25 Minuten gar kochen lassen, abgießen, pellen, durch die Kartoffelpresse drücken
20 g Butter **geriebene Muskatnuß**	Salz
1 Eigelb	unterrühren, etwas erkalten lassen
100 g Weizenmehl	unterrühren den Kartoffelteig auf einer bemehlten Arbeitsfläche in kleinen Portionen etwa ½ cm dick ausrollen, mit einem gezackten Ausstechförmchen Kreise (Ø 8 cm) ausstechen, jeweils gut 1 Teelöffel der Füllung darauf verteilen, übereinanderschlagen, die Ränder andrücken
1 ½ l Salzwasser	zum Kochen bringen, Kartoffelmaultaschen portionsweise hineingeben, so lange ziehen lassen, bis sie an die Oberfläche steigen, mit einem Schaumlöffel herausnehmen, warm stellen.

Für die Rauke-Butter-Sauce

50 g Rauke **(ersatzweise Spinat)**	waschen, die unteren Stielenden entfernen, die Rauke trockentupfen, fein hacken, mit
1 Eßl. Zitronensaft **100 g weicher Butter**	verrühren
1 Schalotte	abziehen, fein würfeln, mit
250 ml (¼ l) trockenem Weißwein	auf die Hälfte einkochen lassen
1 Eßl. Schlagsahne	unterrühren, die Kräuterbutter mit dem Pürierstab in der Sauce aufschlagen (Rauke darf nicht zu stark erhitzt werden, sie wird sonst braun), mit Salz und Pfeffer abschmecken, zu den Kartoffelmaultaschen reichen.

Kartoffelpastete

1 Packung (300 g) tiefgekühlten Blätterteig	auftauen lassen, die Platten dabei nebeneinanderlegen
1 kg kleine, festkochende Kartoffeln	waschen, in Wasser zum Kochen bringen, die Kartoffeln in 20–25 Minuten gar kochen lassen, abgießen, abdämpfen, heiß pellen, erkalten lassen, in Scheiben schneiden
250 g durchwachsenen Speck	in Würfel schneiden, zwei Drittel des Blätterteigs in der Größe eines Springformbodens (∅ etwa 26 cm) ausrollen, eine Springform damit auslegen, den Teig am Springformrand etwa 4 cm hochdrücken, Kartoffelscheiben, Speckwürfel,
3 Eßl. feingeschnittenen Schnittlauch 1 Eßl. gehackte Majoranblättchen	abwechselnd auf den Teigboden schichten, dabei die Kartoffelscheiben mit
Salz Pfeffer	bestreuen
1 Becher (150 g) Crème fraîche	mit
3 Eiern ½ Eiweiß ½ Eigelb	verschlagen, mit Salz, Pfeffer
geriebener Muskatnuß Paprika edelsüß	kräftig würzen, über die Zutaten verteilen, den überstehenden Teigrand über die Füllung schlagen, mit
½ verschlagenen Eiweiß	bestreichen den restlichen Teig in der Größe des Springformbodens ausrollen, als Decke auf die Füllung geben, aus den Teigresten Figuren ausstechen, die Unterseite mit dem verschlagenen Eiweiß bestreichen, die Figuren auf die Teigdecke legen
½ Eigelb 1 Eßl. Milch	verschlagen, die Teigdecke damit bestreichen, mehrmals mit einer Gabel einstechen
Ober-/Unterhitze	200–220 °C (vorgeheizt)
Heißluft	180–200 °C (nicht vorgeheizt)
Gas	Stufe 3–4 (vorgeheizt)
Backzeit	etwa 1 Stunde.

Kartoffelpfanne mit Kasseler

800 g festkochende Kartoffeln	waschen, in Wasser zum Kochen bringen, in 20–25 Minuten kochen lassen, abgießen, abdämpfen, pellen
2 Zwiebeln	abziehen, fein würfeln
300 g Champignons	putzen, mit Küchenpapier abreiben, evtl. abziehen, halbieren
1 Stange Porree (Lauch)	putzen, halbieren, waschen, in Stücke schneiden etwas von
80 g Butterschmalz	erhitzen, Zwiebelwürfel, Champignons und Lauch darin unter Rühren andünsten, mit
Salz Pfeffer	abschmecken, aus der Pfanne nehmen, warm stellen die Kartoffeln in Würfel schneiden, das restliche Butterschmalz erhitzen, die Kartoffelwürfel etwa 5 Minuten darin anbraten
400 g Lummer-Kasseler (ohne Knochen)	unter fließendem kaltem Wasser abspülen, trockentupfen, in Würfel schneiden, zu den Kartoffelwürfeln geben, 10–15 Minuten garen, dabei öfter umrühren die anderen Zutaten dazugeben, nochmals abschmecken
1 Topf frischen Majoran	abspülen, die Blättchen abzupfen, trockentupfen, die Hälfte davon über die Kartoffelpfanne geben
1 Becher (125 g) Kräuter-Crème-fraîche	mit den restlichen Majoranblättchen zu der Kartoffelpfanne servieren.

Kartoffelpizza

(Foto Seite 99)

750 g Kartoffeln	waschen, schälen, abspülen, in dünne Scheiben schneiden, zum Trocknen eine Zeitlang auf Küchenpapier legen
150 g durchwachsenen Speck	in kleine Würfel schneiden, auslassen, die Kartoffelscheiben hinzugeben, etwa 5 Minuten unter öfterem Wenden braten lassen
500 g Tomaten	waschen, abtrocknen, in Scheiben schneiden, mit den Kartoffelscheiben vermengen beide Zutaten gleichmäßig auf einem gefetteten Backblech verteilen, mit

110

¼ Teel. gerebeltem Oregano	
1 Eßl. gehackter Petersilie	
Knoblauchsalz	
Pfeffer	bestreuen
	die Pizza mit
250 g Maasdamer	gleichmäßig belegen
Ober-/Unterhitze	200 – 220 °C (vorgeheizt)
Heißluft	180 – 200 °C (nicht vorgeheizt)
Gas	Stufe 4 – 5 (vorgeheizt)
Backzeit	etwa 25 Minuten
	die Pizza in Stücke teilen, heiß servieren.

Kasselerbraten mit Kartoffel-Käse-Kruste

	Von
1 ½ kg Kasseler Kotelettbraten (mit Knochen)	den Knochen auslösen, den Braten unter fließendem kaltem Wasser abspülen, trockentupfen, in einen Bräter geben
125 ml (⅛ l) Fleischbrühe	dazugeben, auf den Rost in den Backofen schieben
Ober-/Unterhitze	etwa 200 °C (vorgeheizt)
Heißluft	etwa 180 °C (nicht vorgeheizt)
Gas	Stufe 3 – 4 (vorgeheizt)
Backzeit	etwa 45 Minuten
100 g Kartoffel-püreeflocken (aus der Packung)	mit
200 ml heißem Wasser	zu einem festen Püree verrühren
20 g Butter	
50 g geriebenen alten Gouda	
50 g geriebenen mittelalten Gouda	unterrühren
1 Bund Petersilie	
½ Bund Dill	
½ Bund Schnittlauch	die Kräuter abspülen, trockentupfen, kleinhacken oder -schneiden, unter das Kartoffelpüree mischen, die Masse auf das Bratenstück streichen, nochmals in den Backofen schieben
Ober-/Unterhitze	etwa 200 °C (vorgeheizt)
Heißluft	etwa 180 °C (nicht vorgeheizt)
Gas	Stufe 3 – 4 (vorgeheizt)
Backzeit	etwa 15 Minuten
	den Kasselerbraten in Scheiben geschnitten anrichten.
Tip	Dazu paßt ein pikanter Krautsalat.

111

Knoblauch-Petersilien-Rührei auf Kartoffelpuffern

8 tiefgekühlte Kartoffelpuffer	nach Packungsanleitung zubereiten und warm stellen
8 Eier	mit
3 Eßl. Schlagsahne	gut verschlagen, mit
Salz	
Pfeffer	
Muskatuß	würzen
6 Knoblauchzehen	schälen, fein hacken
3 Eßl. Butter	zerlassen, den Knoblauch darin andünsten, die Eiermasse hinzufügen, bei sehr schwacher Hitze langsam stocken lassen, dabei die Masse mit einem Pfannenwender immer wieder vom Boden der Pfanne lösen
1 Bund glatte Petersilie	waschen, trockentupfen, fein hacken, in das fast gestockte Rührei geben, die Kartoffelpuffer auf vier vorgewärmte Teller geben, das Rührei gleichmäßig verteilen, sofort servieren.

Kümmel-Kartoffeln mit Quark

Für die Kümmel-Kartoffeln

1 kg Kartoffeln	gründlich waschen, ungeschält halbieren, mit den Schnittflächen in
Kümmel	
grobes Salz	tauchen, auf ein gefettetes Backblech setzen, die Kartoffeln mit
2 Eßl. Speiseöl	bestreichen, in den Backofen schieben
Ober-/Unterhitze	170–200 °C (vorgeheizt)
Heißluft	150–180 °C (nicht vorgeheizt)
Gas	Stufe 2–3 (vorgeheizt)
Backzeit	etwa 40 Minuten.

Für den Quark

250 g Speisequark	mit
3 Eßl. Milch	
2 Eßl. Speiseöl	verrühren
1 Zwiebel	abziehen, fein würfeln, unterrühren, mit
Salz	abschmecken, cremig rühren.

Lachskoteletts im Kartoffelmantel

4 Lachskoteletts (je etwa 150 g)	unter fließendem kaltem Wasser abspülen, trockentupfen
6 Eßl. Haselnußöl	mit
1 Messerspitze Ingwerpulver	
1 Teel. Zitronensaft	
1 Eßl. frisch gehackten Kräutern (z. B. Petersilie, Dill)	
Meersalz, Pfeffer	vermengen, die Lachskoteletts am besten über Nacht darin marinieren, zwischendurch wenden
2 große Kartoffeln	schälen, waschen, in dünne Scheiben schneiden, in
kochendem Wasser	etwa 3 Minuten blanchieren, die eingelegten Lachskoteletts darin einwickeln, mit Zahnstochern befestigen, mit der Marinade bestreichen, auf den heißen Grillrost legen, 8 – 10 Minuten grillen, zwischendurch wenden.
Beilage	Baguette, Kartoffelsalat.

Lammfilet auf Käse-Kartoffeln

Für die Käse-Kartoffeln

1 Gemüsezwiebel	abziehen, würfeln
500 ml (½ l) Schlagsahne	zum Kochen bringen, die Zwiebelwürfel darin gar dünsten, mit
Salz, Pfeffer	würzen
1 ½ kg Pellkartoffeln	pellen, in Scheiben schneiden, in eine gefettete Auflaufform schichten, mit den Sahne-Zwiebeln übergießen
150 g Gruyère-Käse	reiben, darüberstreuen, die Form auf dem Rost in den vorgeheizten Backofen schieben, die Käse-Kartoffeln goldbraun überbacken
Ober-/Unterhitze	etwa 225 °C
Heißluft	etwa 200 °C
Gas	etwa Stufe 4
Überbackzeit	30 – 35 Minuten.

Für das Filet

600 g Lammfilet	evtl. von Haut und Sehnen befreien, abspülen, trockentupfen, mit Salz, Pfeffer,
gehackten Majoranblättchen gehackten Thymianblättchen	bestreuen
Butterschmalz	zerlassen, die Filets darin von allen Seiten in 5 – 8 Minuten braun braten, auf den Käse-Kartoffeln anrichten.

113

Pellkartoffeln in Sahnesauce

750 g mehlig-kochende Kartoffeln	waschen, in Wasser zum Kochen bringen, in 20 – 25 Minuten gar kochen lassen, abgießen, abdämpfen, heiß pellen, in große Würfel schneiden
200 g gekochten Schinken	in Würfel schneiden.

Für die Sahnesauce

40 g Butter	zerlassen
40 g Weizenmehl	unter Rühren so lange darin erhitzen, bis es hellgelb ist
375 ml (3/8 l) Milch	hinzugießen, mit einem Schneebesen durchschlagen, darauf achten, daß keine Klumpen entstehen, die Sauce zum Kochen bringen, etwa 5 Minuten kochen lassen
250 ml (¼ l) Schlagsahne	in die Sauce rühren, Kartoffel- und Schinkenwürfel hinzufügen, erhitzen die Sahnesauce mit
Salz Pfeffer geriebener Muskatnuß	würzen
2 Eßl. gehackten Dill	unterrühren.
Beilage	Gemischter Salat.

Pellkartoffeln mit Kräuterquark

1 kg Kartoffeln	waschen, in Wasser zum Kochen bringen, in 20 – 25 Minuten gar kochen lassen, abgießen, abdämpfen lassen.

Für den Kräuterquark

500 g Speisequark	mit
125 ml (⅛ l) Schlagsahne	verrühren
1 Bund Schnittlauch 1 Bund Petersilie	abspülen, trockentupfen, fein hacken, unter den Quark rühren, mit
Salz Pfeffer	abschmecken den Kräuterquark schaumig rühren, die Kartoffeln etwas aufdrücken, jeweils 1 Eßlöffel Kräuterquark hineingeben.

114

Pellkartoffeln und Duckefett

1 kg kleine, mehligkochende Kartoffeln	waschen, in Wasser zum Kochen bringen, in 20–25 Minuten gar kochen lassen, abgießen, sofort pellen, warm stellen.

Für das Duckefett

150 g durchwachsenen Speck	fein würfeln, auslassen
2 Zwiebeln	abziehen, würfeln, in dem Speckfett hellbraun braten
250 ml (¼ l) Milch	hinzugießen
2 Eßl. Schmand	unterrühren, kurz aufkochen lassen, mit den Pellkartoffeln servieren.

Pikante Kartoffeltorte

400 g Kartoffeln	waschen, in Wasser zum Kochen bringen, in 20–25 Minuten gar kochen, abgießen, abdämpfen, durch eine Kartoffelpresse drücken, mit
1 Ei **1 Teel. Backpulver** **4 Eßl. Weizengrieß** **Salz** **Pfeffer**	
4 Eßl. Weizengrieß	vermengen, mit
geriebener Muskatnuß	kräftig abschmecken den Teig in eine gefettete Springform (∅ 26 cm) geben, auf dem Rost in den Backofen schieben, vorbacken
Ober-/Unterhitze	etwa 180 °C (vorgeheizt)
Heißluft	etwa 160 °C (nicht vorgeheizt)
Gas	etwa Stufe 3 (vorgeheizt)
Backzeit	etwa 15 Minuten

in der Zwischenzeit

1 Stange Porree (Lauch)	putzen, erst in etwa 5 cm lange Stücke, dann in Streifen schneiden, waschen, in
kochendem Wasser	etwa 2 Minuten blanchieren, herausnehmen, abtropfen lassen
250 g Kartoffeln	waschen, schälen, abspülen, in sehr dünne Scheiben schneiden

100 g durchwachsenen Speck	in feine Würfel schneiden
	den vorgebackenen Boden fächerförmig mit den Kartoffel-scheiben belegen, die Porreestreifen darauf geben, die Speckwürfel darüberstreuen
2 Eier	verschlagen
250 ml (¼ l) Milch	dazugeben, mit Salz und Muskatnuß verquirlen, über die Kartoffeltorte gießen, nochmals in den Backofen schieben
Ober-/Unterhitze	etwa 180 °C (vorgeheizt)
Heißluft	etwa 160 °C (nicht vorgeheizt)
Gas	etwa Stufe 3 (vorgeheizt)
Backzeit	etwa 25 Minuten.

Scharfes Avocado-Kartoffel-Gulasch

2 rote Chilischoten	waschen, entkernen, in feine Ringe schneiden
3 mittelgroße Zwiebeln	abziehen, würfeln
500 g festkochende Kartoffeln	schälen, waschen, in 1 cm große Würfel schneiden
3 Eßl. Speiseöl	in einem Topf erhitzen, die Zwiebelwürfel darin andünsten, Chiliringe und Kartoffeln dazugeben, unter Rühren andünsten mit
500 ml (½ l) Gemüsebrühe	ablöschen, zugedeckt bei mittlerer Hitze etwa 15 Minuten garen lassen
300 g kleine, feste Tomaten	kurze Zeit in kochendes Wasser legen (nicht kochen lassen), in kaltem Wasser abschrecken, die Stengelansätze herausschneiden, enthäuten, die Tomaten vierteln oder achteln
2 reife Avocados	schälen, das Fruchtfleisch mit einem Löffel herauslösen, würfeln, mit
1 Eßl. Zitronensaft	beträufeln Tomaten- und Avocadowürfel vorsichtig unter die gegarten Kartoffeln rühren, das Gulasch mit
Salz	
Pfeffer	pikant abschmecken
2 Eßl. Joghurt	mit Salz, Pfeffer,
1 Teel. Tomatenmark	verrühren, kurz vor dem Servieren (wird sonst bitter) auf das Gulasch geben, mit
2 – 3 Eßl. Schnitt-lauchröllchen	bestreut servieren.

Kartoffel-Knoblauch-Pfanne, Rezept Seite 129

Schweizer Rösti, Rezept Seite 141

Schnippelkuchen, Rezept Seite 136

Kartoffelrouladen, Rezept Seite 64

Schupfnudeln auf Sauerkraut

300 g Kartoffeln	waschen, abspülen, dünn schälen, in
Salzwasser	zum Kochen bringen, in etwa 25 Minuten gar kochen lassen, abgießen, abdämpfen, sofort durch die Kartoffelpresse geben, erkalten lassen, mit
1 Ei	
100 g Weizenmehl	verrühren, mit
Salz, Pfeffer	
geriebener Muskatnuß	abschmecken, aus der Masse mit bemehlten Händen fingerdicke Röllchen (5 cm lang) formen, an den Enden etwas dünner rollen, die Röllchen in kochendes Salzwasser geben, zum Kochen bringen, 3 – 4 Minuten gar ziehen lassen (das Wasser muß sich leicht bewegen), die Schupfnudeln gut abtropfen lassen
30 g Butter	zerlassen, die Schupfnudeln kurz anbraten, warm stellen
1 Zwiebel	abziehen, fein würfeln
50 g Butter	zerlassen, die Zwiebelwürfel darin andünsten
400 g Sauerkraut	lockerzupfen, zu den Zwiebeln geben, erhitzen, zum Schluß die Schupfnudeln untermengen.

Tiroler Gröstl

300 g Schweinebraten	unter fließendem kaltem Wasser abspülen, trockentupfen, in kleine Würfel schneiden
1 Zwiebel	
1 Knoblauchzehe	beide Zutaten abziehen, fein würfeln
3 – 4 Eßl. Speiseöl	erhitzen, die Zwiebel- und Knoblauchwürfel darin andünsten, anschließend die Fleischwürfel hinzufügen, miterhitzen
100 g große, eingelegte Gewürz- oder Essiggurken	kleinschneiden, dazugeben, mit
Salz, Pfeffer	
Paprikapulver edelsüß	würzen
500 g gekochte Pell-kartoffeln (vom Vortag)	pellen, in kleine Würfel schneiden, zum Fleisch geben, goldbraun braten zum Schluß
1 Eßl. gehackten Majoran	
1 Eßl. grobgehackte Petersilie	darübergeben, nochmals mit Salz und Pfeffer abschmecken.
Tip	Anstatt des Schweinebratens können hierzu alle Bratenreste, aber auch Fleischwurst oder Leberkäse genommen werden. Als Beilage schmeckt ein gemischter grüner Salat.

121

Überbackene Gnocchi mit Rauke

500 g Gnocchi (aus der Packung)	nach Packungsanleitung in
kochendem Salzwasser	gar kochen, abtropfen lassen
2 Knoblauchzehen	
2 Zwiebeln	beide Zutaten abziehen, fein würfeln
150 g (2 Bund) Rucola (Rauke)	
1 Topf Basilikum	beide Zutaten abspülen, die Blätter von den Stengeln zupfen, trockentupfen, einige Basilikumblätter zum Garnieren beiseite legen, die restlichen Blätter in Streifen schneiden
3 Eßl. Olivenöl	erhitzen, Knoblauch- und Zwiebelwürfel darin andünsten, Gnocchi hinzufügen, 3 Minuten andünsten, Rauke und Basilikum dazugeben, mit
Salz	
Pfeffer	abschmecken alles in eine feuerfeste Form füllen
150 g geriebenen Provolone-Käse	darüberstreuen, mit Pfeffer würzen, die Form auf dem Rost in den Backofen schieben
Ober-/Unterhitze	etwa 220 °C (vorgeheizt)
Heißluft	etwa 200 °C (nicht vorgeheizt)
Gas	etwa Stufe 5 (vorgeheizt)
Backzeit	etwa 5 Minuten die Gnocchi mit Basilikumblättchen garnieren.

Überbackener Kartoffelring mit Pilzragout

Für den Kartoffelring

1 kg Kartoffeln	waschen, schälen, abspülen, in Würfel schneiden, in Wasser zum Kochen bringen, etwa 15 Minuten kochen lassen, abgießen, abdämpfen, noch heiß durch die Kartoffelpresse drücken oder zerstampfen
75 g Butter	
2 Eier	unterrühren, mit
Salz, Pfeffer	
geriebener Muskatnuß	würzen, den Kartoffelbrei in einen Spritzbeutel mit großer Sterntülle füllen, einen Kartoffelring in eine gefettete Brat- und Servierpfanne spritzen, die Pfanne auf dem Rost in den Backofen schieben
Ober-/Unterhitze	220 – 250 °C (vorgeheizt)
Heißluft	200 – 220 °C (nicht vorgeheizt)
Gas	Stufe 5 – 6 (vorgeheizt)
Backzeit	etwa 15 Minuten.

Für das Pilzragout

50 g durchwachsenen Speck	würfeln, in
1 Eßl. Margarine	auslassen
1 Zwiebel	abziehen, würfeln, im Speckfett andünsten
400 g Champignons	putzen, mit Küchenpapier abreiben, in Scheiben schneiden, etwa 5 Minuten dünsten
1 Bund Petersilie	abspülen, trockentupfen, fein hacken, hinzufügen
1 Becher (150 g) saure Sahne	unterrühren, erhitzen, mit Salz,
schwarzem Pfeffer Zitronensaft	abschmecken
	das Ragout im Kartoffelring servieren.

Ungarisches Kartoffelgulasch

1 kg Kartoffeln	waschen, schälen, abspülen, in etwa 2 cm große Würfel schneiden, auf Küchenpapier trocknen lassen
50 g fetten Speck	in sehr kleine Würfel schneiden
1 Eßl. Speiseöl	erhitzen, Speckwürfel darin auslassen
2 Zwiebeln	abziehen, halbieren, fein würfeln, hinzufügen, andünsten lassen
1 grüne Paprikaschote	halbieren, entstielen, entkernen, die weißen Scheidewände entfernen, die Schote waschen, in Streifen schneiden, zu den Zwiebeln geben, mitdünsten lassen die abgetropften Kartoffelwürfel dazugeben
1 Knoblauchzehe	abziehen, zerdrücken, hinzugeben, mit
2 Eßl. Paprika edelsüß	
1 Msp. gemahlenem Kümmel	
Salz	würzen
500 ml (½ l) heiße Fleischbrühe	hinzugießen, zum Kochen bringen, bei schwacher Hitze 25 – 30 Minuten garen lassen
4 Eßl. saure Sahne	unterrühren.

Kartoffeln
aus der Pfanne

Apfel-Zwiebel-Rösti

2 Zwiebeln	abziehen, fein würfeln
500 g festkochende Kartoffeln	waschen, schälen, abspülen, trockentupfen
1 Apfel	schälen, vierteln, entkernen Kartoffeln und Apfel grob raspeln, die Zwiebelwürfel untermischen, mit
1 Eßl. gerebeltem Majoran Salz Pfeffer	abschmecken
1 Eßl. Speiseöl	in einer Pfanne erhitzen, die Masse eßlöffelweise hineingeben, flachdrücken, von beiden Seiten in 12–15 Minuten goldgelb braten.

Bauernfrühstück

(Foto Seite 100)

750 g festkochende Kartoffeln	waschen, in Wasser zum Kochen bringen, in 20–25 Minuten gar kochen lassen, abgießen, abdämpfen, heiß pellen, erkalten lassen, in Scheiben schneiden
4 kleine Zwiebeln	abziehen, würfeln
75 g durchwachsenen Speck	in Würfel schneiden, auslassen
30 g Margarine	hinzufügen, zerlassen, die Zwiebelwürfel darin glasig dünsten, die Kartoffeln hinzufügen, braun braten mit
3 Eiern 3 Eßl. Milch Salz Pfeffer Paprika edelsüß geriebener Muskatnuß	verschlagen
125 g Schinkenspeck	in Würfel schneiden, mit
2 Eßl. feingeschnittenem Schnittlauch	unter die Eiermasse rühren, über die Kartoffeln gießen, in etwa 10 Minuten stocken lassen.
Beilage	Gemischter Salat oder Gewürzgurken.

126

Bratkartoffeln

1 kg Kartoffeln	waschen, in Wasser zum Kochen bringen, in 20 – 25 Minuten gar kochen lassen, abgießen, abdämpfen, heiß pellen, erkalten lassen, in Scheiben schneiden
1 Zwiebel	abziehen, würfeln
75 g Butterschmalz	zerlassen, Kartoffelscheiben, Zwiebelwürfel hineingeben, mit
Salz	bestreuen, in etwa 10 Minuten braun braten.

Bratkartoffeln mit Nürnberger Rostbratwürstchen

1 kg Kartoffeln	waschen, mit
1 Teel. Kümmel	in Wasser zum Kochen bringen, in 20 – 25 Minuten gar kochen lassen, abgießen, abdämpfen, heiß pellen, in Scheiben schneiden
150 g durch-wachsenen Speck	in Würfel schneiden
2 Eßl. Butterschmalz	erhitzen, die Speckwürfel darin ausbraten, die Kartoffelscheiben hinzufügen, mit
Salz, Pfeffer	würzen, in 10 – 15 Minuten knusprig braun braten lassen
1 Zwiebel	abziehen, würfeln
1 rote Paprikaschote	halbieren, entstielen, entkernen, die weißen Scheidewände entfernen, die Schote waschen, in Streifen schneiden von
2 Zucchini	die Enden abschneiden, die Zucchini waschen, in Scheiben schneiden
250 g Tomaten	kurze Zeit in kochendes Wasser legen (nicht kochen lassen), in kaltem Wasser abschrecken, enthäuten, die Stengelansätze entfernen, die Tomaten vierteln, entkernen
2 Eßl. Speiseöl	erhitzen, die Zwiebelwürfel darin glasig dünsten lassen, Paprikastreifen, Zucchinischeiben hinzufügen, etwa 5 Minuten dünsten lassen das Gemüse mit den Tomatenvierteln unter die Bratkartoffeln mengen, erhitzen, mit Salz, Pfeffer würzen, in eine vorgewärmte Schüssel füllen, warm stellen
2 Eßl. Speiseöl	erhitzen
8 – 16 Nürnberger Rostbratwürstchen (je 25 – 50 g)	darin von beiden Seiten in 5 – 7 Minuten braun braten lassen, die Nürnberger Rostbratwürstchen auf Bratkartoffeln und Gemüse anrichten, mit
2 – 3 Eßl. gehackter Petersilie	bestreuen.

Französische Bauernkartoffeln

1 kg Kartoffeln	schälen, waschen, in dicke Scheiben schneiden
3 Eßl. Olivenöl	erhitzen
2 Knoblauchzehen	abziehen, durch die Knoblauchpresse drücken, mit den Kartoffelscheiben zu dem Olivenöl geben, mit
Meersalz	
Pfeffer	
1 Eßl. Kräutern der	
Provence	würzen, hellbraun anbraten etwas von
125–250 ml	
(⅛–¼ l) Fleischbrühe	hinzufügen, die Kartoffelscheiben zuerst zugedeckt, dann offen 20–30 Minuten schmoren lassen, verdampfte Flüssigkeit nach und nach ersetzen, Kartoffeln sollen zuletzt fast ohne Flüssigkeit sein.

Grüne Kartoffelpuffer mit Crème fraîche

1 ½ kg große, mehligkochende Kartoffeln	waschen, schälen, abspülen, grob reiben, ein Sieb mit einem Küchenhandtuch auslegen, die Kartoffelmasse darauf geben, etwa 10 Minuten abtropfen lassen, die Kartoffel-Flüssigkeit auffangen, das Wasser abgießen, die abgesetzte Stärke zu der Kartoffelmasse geben, mit
125 ml (⅛ l) Milch	
4 Eiern	
Salz	
Pfeffer	verrühren
1 Zwiebel	abziehen, sehr fein würfeln, mit
1 Eßl. gehacktem Dill	
2–3 Eßl. feinge- schnittenem Schnittlauch	
2–3 Eßl. gehackter Petersilie	
1 Eßl. gehackten Zitronenmelisseblättchen	unterrühren, etwas von
100 g Margarine	in einer Bratpfanne erhitzen, so viel von der Kartoffelmasse hineingeben, daß der Pfannenboden dünn bedeckt ist, den Kartoffelpuffer von beiden Seiten knusprig braun braten, warm stellen, den übrigen Kartoffelteig auf die gleiche Weise zubereiten, die Puffer mit
1 Becher (150 g) Crème-fraîche oder 1 Becher (150 g) saurer Sahne	servieren.

Kartoffel-Knoblauch-Pfanne

(Foto Seite 117)

500 g sehr kleine, neue Kartoffeln	waschen, die Schale mit einer Bürste abschaben
1 Bund Frühlingszwiebeln	putzen, das dunkle Grün abschneiden, die Zwiebel waschen, längs halbieren
2 Eßl. Speiseöl	in einer Pfanne erhitzen, die Kartoffeln hineingeben, von allen Seiten anbraten, die Frühlingszwiebeln,
etwa 10 junge Knoblauchzehen	ungeschält hinzufügen, etwa 5 Minuten mitbraten lassen, mit
Meersalz frisch gemahlenem Pfeffer gehackten Thymianblättchen	bestreuen
etwas Wasser	hinzugießen, die Kartoffel-Knoblauch-Pfanne in 10 – 15 Minuten gar dünsten lassen.
Beilage	Salatteller.

Kartoffel-Paprika-Curry

Etwa 800 g kleine Kartoffeln	waschen, schälen, abspülen, mit einer Nadel rundherum einstechen, die Kartoffeln trockentupfen
3 Eßl. Speiseöl	erhitzen, die Kartoffeln darin unter ständigem Rühren in 15 Minuten von allen Seiten braun braten
3 grüne und 3 gelbe Paprikaschoten	halbieren, entstielen, entkernen, die weißen Scheidewände entfernen, die Schoten waschen, in etwa 2 cm große Quadrate schneiden
1 Eßl. Speiseöl	erhitzen, die Paprika darin etwa 5 Minuten andünsten
2 Zwiebeln	abziehen, fein würfeln
1 Eßl. Speiseöl	in einem Topf erhitzen
1 Teel. Koriandersamen 12 schwarzen Pfefferkörnern ½ Teel. Kümmel 2 Eßl. abgezogenen, gehackten Mandeln ½ Teel. gemahlenem Kardamom geriebener Muskatnuß	mit darin anrösten, die Zwiebelwürfel dazugeben,
1 Knoblauchzehe	abziehen, zerdrücken, mit

129

2 Teel. Salz	
5 Eßl. Wasser	zu den Zwiebeln geben, unterrühren, etwa 10 Minuten dünsten lassen, dabei nach und nach
250 g Joghurt	hinzufügen, Kartoffeln und Paprika dazugeben, etwa 10 Minuten schmoren lassen
2 Eßl. gehackte Petersilie	unterrühren.

Kartoffelgulasch

1 kg Kartoffeln	waschen, in so viel
Wasser	zum Kochen bringen, daß die Kartoffeln bedeckt sind, gar kochen lassen, abgießen, sofort pellen, in Scheiben schneiden
3 Zwiebeln (etwa 120 g)	abziehen, fein würfeln
50 g Margarine	zerlassen, die Zwiebelwürfel darin glasig dünsten lassen
30 g Weizenmehl	darüberstäuben, mit
625 ml Milch	ablöschen, zum Kochen bringen, kochen lassen
500 g Fleischwurst	pellen, in Würfel schneiden, mit den Kartoffelscheiben in die Sauce geben, erhitzen
2 Bund glatte Petersilie	abspülen, vorsichtig trockentupfen, fein hacken, zu dem Kartoffelgulasch geben, mit
3 Eßl. Weißwein	
Salz	
Pfeffer	
Muskatnuß	abschmecken

Kartoffeln im Speckmantel

1 kg neue Kartoffeln	waschen, in Wasser zum Kochen bringen, in etwa 20 Minuten gar kochen lassen, abgießen, abdämpfen, heiß pellen, erkalten lassen
200 g Frühstücksspeck (Bacon, in Scheiben)	nach Belieben längs halbieren, mit
1 Teel. gemahlenem Kümmel	
Pfeffer	bestreuen etwa die Hälfte der Kartoffeln mit den Speckscheiben umwickeln, abwechselnd bewickelte und unbewickelte Kartoffeln nebeneinander in eine gefettete Auflaufform setzen
500 g kleine Tomaten	waschen, abtrocknen, über Kreuz einschneiden, gleichmäßig zwischen die Kartoffeln setzen die Form auf dem Rost in den Backofen schieben

Ober-/Unterhitze	200 – 220 °C (vorgeheizt)
Heißluft	180 – 200 °C (nicht vorgeheizt)
Gas	Stufe 3 – 4 (vorgeheizt)
Backzeit	etwa 30 Minuten.
Tip	Salbeiblättchen über die Kartoffeln geben.

Kartoffelomelett

500 g Kartoffeln	waschen, in Wasser zum Kochen bringen, in 20 – 25 Minuten gar kochen lassen, abgießen, heiß pellen, erkalten lassen, in Scheiben schneiden
2 kleine Zwiebeln	abziehen, würfeln
75 g fetten Speck	in Würfel schneiden, auslassen Kartoffeln, Zwiebeln hineingeben, mit
Salz	bestreuen, braun braten
125 ml (⅛ l)	
Milch	mit Salz,
3 Eiern	verschlagen
1 Eßl. gehackte Petersilie oder feingeschnittenen Schnittlauch	hinzufügen die Eiermilch über die Kartoffeln gießen, stocken lassen, ohne die Kartoffeln zu wenden, wenn die obere Seite des Omeletts fest geworden und die untere gebräunt ist (nach 10 – 15 Minuten), das Omelett auf eine vorgewärmte Platte gleiten lassen.
Beigabe	Kopfsalat, Kürbis, Senfgurken.

Kartoffelpfanne „Espagna"

1 kg Kartoffeln	waschen, schälen, abspülen, in Scheiben schneiden
75 g durchwachsenen Speck	in Würfel schneiden, auslassen
1 Zwiebel	
1 Knoblauchzehe	beide Zutaten abziehen, fein würfeln, in dem Speckfett glasig dünsten lassen, die Kartoffelscheiben hinzugeben, mit
Salz	bestreuen, zunächst zugedeckt, dann in der offenen Pfanne etwa 10 Minuten anbraten
10 grüne Oliven, mit Paprika gefüllt	in Scheiben schneiden
½ rote und ½ grüne Paprikaschote	entstielen, entkernen, die weißen Scheidewände entfernen, die Schoten waschen, in Würfel schneiden
3 Tomaten	waschen, die Stengelansätze herausschneiden, die Tomaten in Stücke schneiden die 3 Zutaten zu den Kartoffeln geben, etwa 5 Minuten mitbraten lassen
5 Eier	mit Salz
Pfeffer	
Paprika edelsüß	verschlagen, über die Kartoffelpfanne geben, stocken lassen, die Kartoffeln auf eine vorgewärmte Platte geben, mit
grünen oder schwarzen Oliven	garnieren.

Kartoffelpfanne griechische Art

1 kleine, rote Paprikaschote 1 kleine, gelbe Paprikaschote (je etwa 150 g)	die Schoten halbieren, entstielen, entkernen, die weißen Scheidewände entfernen, die Schoten waschen, in Streifen schneiden
1 Stange Porree (Lauch) (etwa 200 g)	halbieren, waschen, in Streifen schneiden
800 g Kartoffeln	waschen, schälen, abspülen, in Scheiben schneiden
1 Knoblauchzehe	abziehen, in Scheiben schneiden die Hälfte von
80 g Butterschmalz	in einer Pfanne erhitzen, die Kartoffelscheiben unter Wenden 15 – 20 Minuten darin goldbraun braten, zwischendurch umrühren

132

200 g Feta-Käse	in Würfel schneiden
1 Topf Thymian	abspülen, die Blätter abzupfen, trockentupfen
	Kartoffeln mit
Salz	
Pfeffer	würzen, aus der Pfanne nehmen

das restliche Butterschmalz in die Pfanne geben, Knoblauch und Gemüse unter Wenden etwa 10 Minuten darin dünsten, mit Salz und Pfeffer würzen, Kartoffeln, Feta und Thymian in die Pfanne geben, vermengen, erhitzen.

Kartoffelschnitzel

1 kg Kartoffeln	waschen, in Wasser zum Kochen bringen, in 20 – 25 Minuten gar kochen lassen, abgießen, abdämpfen, heiß pellen, erkalten lassen, die Kartoffeln in 1 cm dicke Scheiben schneiden, leicht mit
Salz	
Pfeffer	würzen, zuerst in
Weizenmehl	dann in
2 verschlagenen	
Eiern	danach in
50 g Semmelbröseln	wenden
2 Eßl. Speiseöl	in einer Pfanne erhitzen, die Kartoffelschnitzel von beiden Seiten darin in 2 – 3 Minuten goldbraun braten.

Kolumbianische Pfanne

1 kg Kartoffeln	waschen, schälen, abspülen, in Stifte schneiden
2 mittelgroße	
Zwiebeln	abziehen, würfeln
1 rote und 1 grüne	
Paprikaschote	halbieren, entstielen, entkernen, die weißen Scheidewände entfernen, die Schoten waschen, in kleine Würfel schneiden
3 Eßl. Speiseöl	in einer Pfanne erhitzen, die Kartoffelstifte, die Paprika- und Zwiebelwürfel hineingeben, mit
Salz	
1 Prise Kardamom	
schwarzem Pfeffer	bestreuen, zunächst zugedeckt, dann in der offenen Pfanne in 20 – 30 Minuten hellbraun braten lassen, mit
2 Eßl. feingeschnittenem Schnittlauch	bestreut servieren.
Beilage	Salat.

133

Lappenpickert

1 ½ kg Kartoffeln	waschen, schälen, abspülen, auf einer feinen Reibe reiben, mit
Salz	
4 Eiern	
250 g Weizenmehl	
125 ml (⅛ l) Milch	verrühren (Teig muß dickflüssig sein) Lappenpickert auf einer besonderen Eisenplatte, die mit
Speckschwarte	gefettet ist, backen den Teig so auf der Platte verteilen, daß entweder ein großes, dünnes, zusammenhängendes Gebäck entsteht oder mehrere kleine Plätzchen, sobald der Pickert auf der unteren Seite gebräunt ist, ihn mit einem möglichst breiten Messer wenden, auf der anderen Seite bräunen, den Pickert frisch oder aufgewärmt servieren.
Beigabe	Butter, Sirup, Bohnenkaffee.
Tip	Wenn keine Eisenplatte vorhanden ist, kann der Pickert auch in einer Bratpfanne gebacken werden.

Omelett „rustikal"

750 g festkochende Kartoffeln	waschen, in Wasser zum Kochen bringen, in etwa 25 Minuten gar kochen lassen, abgießen, abdämpfen, heiß pellen, erkalten lassen, in Scheiben schneiden
4 kleine Zwiebeln	abziehen, würfeln
75 g durchwachsenen Speck	in Würfel schneiden, auslassen
20 g Butter	hinzufügen, zerlassen, die Zwiebeln darin glasig dünsten lassen, die Kartoffeln hinzufügen, braun braten
3 Eier	mit
3 Eßl. Milch	
Salz	
Pfeffer	
Paprika edelsüß	
geriebener Muskatnuß	verschlagen
2 Gewürzgurken	
125 g Schinkenspeck	beide Zutaten in Würfel schneiden, mit
2 Eßl. feingeschnittenem Schnittlauch	in die Eiermilch geben, über die Kartoffeln gießen, in etwa 10 Minuten stocken lassen, die Kartoffeln einige Male wenden.
Beilage	Kopfsalat.

Panzarotti

(6 Portionen)

1 kg mehligkochende Kartoffeln Salzwasser	waschen, schälen, abspülen, grob zerkleinern, in so viel zum Kochen bringen, daß die Kartoffeln gerade bedeckt sind, in 20–25 Minuten gar kochen lassen, die Kartoffeln abgießen, abdämpfen, durch die Presse drücken, etwas abkühlen lassen
125 g Parmesan-Käse	reiben
2 Salbeiblättchen	vorsichtig abspülen, trockentupfen, fein hacken die beiden Zutaten mit der Kartoffelmasse,
1 Ei 1 Eigelb 4–5 Eßl. gehackter glatter Petersilie Meersalz	verkneten, mit
Pfeffer	würzen
etwa 80 g Mozzarella-Käse	in 16 gleich große Stücke schneiden, den Kartoffelteig zu einer Rolle formen, in 16 gleich große Stücke teilen, in jedes Teigstück einen Käsewürfel drücken, das Teigstück zu einem Kloß formen, flachdrücken, in
Vollkorn-semmelbröseln	wenden
100 g Butter	zerlassen
4 Eßl. Speiseöl	hinzufügen, erhitzen, die Panzarotti von jeder Seite etwa 5 Minuten braten lassen.
Beilage	Bunte Salatplatte.

Pillekuchen

4 Eier 1 Teel. Salz 4 Eßl. Weizenmehl 125 ml (⅛ l) Milch	mit verschlagen, darauf achten, daß keine Klumpen entstehen
750 g Kartoffeln	waschen, schälen, abspülen, gut abtropfen lassen, in etwa ½ cm breite Stifte schneiden
3 Eßl. Butterschmalz	in einer Stielpfanne zerlassen, die Kartoffelstifte hineingeben, mit
Salz	bestreuen, zugedeckt bei schwacher Hitze fast gar braten lassen, die Eiermilch darübergießen, so lange ohne Deckel weiterbraten, bis die Eiermilch zu stocken beginnt, den Pillekuchen mit Hilfe des Deckels wenden, die andere Seite so lange erhitzen, bis sie goldbraun gebraten ist.

Reibekuchen

1 kg Kartoffeln	waschen, schälen, abspülen, auf einer feinen Reibe reiben den Kartoffelbrei in ein sauberes Tuch geben, kräftig auspressen, mit
150 ml Milch	
3 – 4 Eiern	
2 – 3 Eßl. Weizenmehl	
Salz	verrühren (nicht zu schwach salzen)
Speiseöl	oder
Schweineschmalz	erhitzen, den Teig eßlöffelweise hineingeben, flachdrücken, so daß etwa handtellergroße Kuchen entstehen, von beiden Seiten hellbraun und knusprig backen.
Beigabe	Apfelmus, Kompott oder Salat.
Tip	4 – 5 Eßlöffel feingehackte Kräuter (z. B. glatte Petersilie, Dill, Schnittlauch, Zitronenmelisse) unter den Kartoffelteig rühren.

Schnippelkuchen

(Foto Seite 119)

30 g Weizenmehl	mit
100 ml Milch	verrühren, etwas quellen lassen
6 Eier	darunterschlagen
750 g Kartoffeln	waschen, schälen, abspülen, grob raspeln, sofort mit dem Eierteig vermengen
1 Zwiebel	abziehen, fein würfeln, unter den Kartoffel-Eier-Teig rühren, mit
Salz	
Pfeffer	würzen
	einige Scheiben von
300 g Frühstücksspeck	in einer Pfanne ausbraten, etwas von dem Teig hineingeben, flachdrücken, von jeder Seite etwa 5 Minuten braten, warm stellen, den restlichen Teig und Speck auf die gleiche Weise zubereiten, die Schnippelkuchen mit
feingeschnittenem Schnittlauch	bestreut servieren.

136

Flämisches Kartoffelpüree, Rezept Seite 144

Kartoffelklöße, gekocht, Rezept Seite 149

Kartoffelklöße mit Lauchstreifen, Rezept Seite 149

Grüner Kartoffelsalat, Rezept Seite 161

Schweizer Rösti

(Foto Seite 118)

750 g mehlig-kochende Kartoffeln	waschen, in Wasser zum Kochen bringen, in 15 – 20 Minuten knapp gar kochen lassen, abgießen, pellen, etwa 1 Stunde kühl stellen
2 kleine Zwiebeln	abziehen, fein würfeln
4 Eßl. Schweineschmalz	in einer schweren oder gleichmäßig bratenden Stielpfanne erhitzen, die Zwiebeln darin andünsten, die Kartoffeln auf einer groben Reibe raffeln, in die Pfanne geben, mit
Salz	bestreuen, bei milder Hitze 5 – 7 Minuten goldbraun anbraten, dabei leicht andrücken, mit Hilfe des Deckels wenden, mit Salz bestreuen, die andere Seite ebenfalls 5 – 7 Minuten goldbraun rösten, dabei die Masse immer leicht an- und zusammendrücken.
Tip	Rösti zu Geschnetzeltem oder zu Steaks reichen.

Teufelsplätzchen

1 kg Kartoffeln	waschen, in Wasser zum Kochen bringen, in 25 – 30 Minuten gar kochen lassen, abgießen, abdämpfen, pellen, erkalten lassen, auf einer feinen Reibe reiben, mit
4 Eiern **4 Eßl. Milch** **1 Teel. Paprika edelsüß**	vermengen, so viel
Weizenmehl	hinzufügen, daß ein fester Teig entsteht, mit
Salz	abschmecken, den Kartoffelteig auf einer bemehlten Arbeitsfläche dünn ausrollen, Plätzchen ausstechen, portionsweise in
kochendes Salzwasser	geben, zum Kochen bringen, in etwa 5 Minuten gar ziehen lassen, auf Küchenpapier legen, trockentupfen
1 Eßl. Butter	in einer Pfanne zerlassen, die Plätzchen portionsweise von beiden Seiten goldgelb braten.

141

Winzer-Kartoffelpfanne

1 kg Kartoffeln waschen, schälen, abspülen, in Scheiben schneiden

4 – 5 mittelgroße
Zwiebeln abziehen, würfeln

50 g Butter zerlassen, Kartoffelscheiben und Zwiebelwürfel hineingeben, mit

Salz
Pfeffer würzen, hellbraun braten, etwas von

125 – 250 ml (⅛ – ¼ l)
Weißwein hinzugießen, in 20 – 30 Minuten gar dünsten lassen, verdampfte Flüssigkeit nach und nach durch Weißwein ersetzen
Kartoffeln sollen zuletzt fast ohne Flüssigkeit sein.

Beigabe Bunter Salatteller.

Klöße, Pürees und Nockerln

Flämisches Kartoffelpüree

(Foto Seite 137)

1 kg Kartoffeln	waschen, schälen, abspülen, in Stücke schneiden, in
Salzwasser	zum Kochen bringen, in etwa 20 Minuten gar kochen lassen, abgießen, abdämpfen, sofort heiß durch die Kartoffelpresse geben
300 g Sauerampfer	
oder Blattspinat	verlesen, gründlich waschen, abtropfen lassen
1 Eßl. Butter	zerlassen, Sauerampfer oder Blattspinat so lange darin erhitzen, bis das Gemüse zusammenfällt, auf ein Küchenbrett geben, grob zerkleinern
2 große Zwiebeln	abziehen, in kleine Würfel schneiden
2 Eßl. Butter	zerlassen, die Zwiebeln darin goldgelb dünsten, Kartoffelbrei und Gemüse hinzufügen, gut vermengen das Püree mit
Meersalz	
Pfeffer	
geriebener	
Muskatnuß	abschmecken
125 ml (⅛ l)	
Schlagsahne	kurz erhitzen, unter den Brei rühren, sollte der Brei zu fest sein, noch etwas
warme Schlagsahne	
oder Milch	hinzufügcn.
Beilage	Möhrenrohkost.

Gefüllte Speckknödel

750 g mehlig-	
kochende Kartoffeln	waschen, in Wasser zum Kochen bringen, in 20–25 Minuten gar kochen lassen, abgießen, abdämpfen, pellen, abkühlen lassen, durch die Kartoffelpresse geben
125 g Weizenmehl	
1 Ei	
1–2 Eßl. gehackte	
Petersilie	unterrühren, den Teig mit
weißem Pfeffer	
Paprika edelsüß	würzen
100 g durch-	
wachsenen Speck	in kleine Würfel schneiden, mit

144

1 – 2 Eßl. gehackter Petersilie vermengen

aus dem Kartoffelteig mit bemehlten Händen 8 – 10 Knödel formen, in die Mitte jedes Knödels ein Loch drücken, jeweils 1 Teelöffel Speckwürfel hineingeben, das Loch zudrücken, Knödel nochmals rund formen, in

Salzwasser geben, zum Kochen bringen, in 15 – 20 Minuten gar ziehen lassen (Wasser muß sich leicht bewegen).

Tip Gefüllte Speckknödel mit grünem Salat und Sahnesauce zu Schweinebraten reichen.

Gemüse-Kartoffel-Brei

1 große Zwiebel (etwa 100 g) abziehen, fein würfeln

1 Stange Porree (Lauch, etwa 200 g) putzen, längs halbieren, gründlich waschen, in Streifen schneiden

2 Möhren (etwa 200 g) putzen, schälen, waschen, in Würfel schneiden

600 g Kartoffeln waschen, schälen, abspülen, in Würfel schneiden

40 g Butter in einem Topf zerlassen, das Gemüse und die Kartoffeln darin andünsten

125 ml (⅛ l) heiße Gemüsebrühe dazugeben, mit

Salz
Pfeffer
geriebener Muskatnuß würzen, zum Kochen bringen, etwa 20 Minuten garen, so daß das Gemüse sehr weich ist, das Gemüse durch die Kartoffelpresse drücken, das Püree mit

2 Eßl. Crème fraîche
2 Eßl. gehackter Petersilie verrühren, gut durchrühren, evtl. nochmals mit den Gewürzen abschmecken.

145

Kartoffelklöße mit Semmelbröseln

750 g Kartoffeln	waschen, in Wasser zum Kochen bringen, in 25 – 30 Minuten gar kochen lassen, abgießen, pellen, sofort durch die Kartoffelpresse geben, bis zum nächsten Tag kalt stellen
50 g Semmelbrösel	
20 g Weizenmehl	
2 Eier	unterkneten, den Teig mit
Salz	
geriebener Muskatnuß	abschmecken, aus dem Teig mit bemehlten Händen 12 Klöße formen, in
kochendes Salzwasser	geben, zum Kochen bringen, in 20 – 25 Minuten gar ziehen lassen (Wasser muß sich leicht bewegen), die garen Klöße gut abtropfen lassen
Tip	Kartoffelklöße zu Sauerbraten oder Schweinebraten reichen.

Kartoffelbrei

1 kg mehlig- kochende Kartoffeln	schälen, waschen, in gleich große Stücke schneiden, in
Salzwasser	zum Kochen bringen, in etwa 20 Minuten gar kochen lassen, abgießen, sofort durch die Kartoffelpresse geben
75 g Butter	
250 ml (¼ l) heiße Milch	hinzufügen, den Topf auf die Kochstelle setzen, den Brei so lange schlagen, bis eine einheitliche Masse entstanden ist, mit Salz und
geriebener Muskatnuß	abschmecken.
Veränderung	Den Kartoffelbrei mit in Fett gebräunten Zwiebelringen oder geröstetem Semmelmehl anrichten.
Tip	Vor dem Servieren 4 Eßlöffel geriebenen Käse unter den Kartoffelbrei rühren oder 100 g Speck- und 100 g Zwiebelwürfel braten und unterrühren.

Kartoffelbrei-Nestchen mit Erbsen-Schinken-Füllung

750 g mehlig-kochende Kartoffeln	waschen, in so viel
Wasser	zum Kochen bringen, daß die Kartoffeln bedeckt sind, in 20–25 Minuten gar kochen lassen, abgießen, abdämpfen, noch heiß pellen, durch die Kartoffelpresse geben
2 Eier	
1–2 Eßl. Butter	unterrühren, die Masse durchschlagen, mit
Salz	
Pfeffer	
geriebener Muskatnuß	abschmecken, den Kartoffelbrei in einen Spritzbeutel mit großer, gezackter Tülle füllen, auf ein gefettetes Backblech 4–6 Nester spritzen
1 Eigelb	mit
etwas kaltem Wasser	verschlagen, die Kartoffelbrei-Nestchen damit bestreichen, das Backblech in die Mitte des Backofens schieben
Ober-/Unterhitze	200–220 °C (vorgeheizt)
Heißluft	180–200 °C (nicht vorgeheizt)
Gas	Stufe 4–5 (vorgeheizt)
Backzeit	10–15 Minuten.

Für die Füllung

150 g ausgepalte Erbsen (etwa 400 g mit Schoten)	waschen, abtropfen lassen
50 g gekochten Schinken	in Würfel schneiden
2 Eßl. Butter	zerlassen, beide Zutaten darin andünsten
125 ml (⅛ l) Wasser	hinzugießen, zum Kochen bringen, 8–10 Minuten dünsten lassen, mit
Salz	
Pfeffer	abschmecken
1 Eßl. Weißwein	mit
1 Teel. Speisestärke	verrühren, die Erbsen-Schinken-Masse damit binden, in die heißen Kartoffelbrei-Nestchen füllen, sofort servieren.
Tip	Kartoffelbrei-Nestchen mit Erbsen-Schinken-Füllung zu Schweinefilets oder Koteletts reichen.

147

Kartoffelgnocchi

750 g Kartoffeln	waschen, schälen, abspülen, in
Salzwasser	zum Kochen bringen, in 20 – 25 Minuten gar kochen lassen, abgießen, abdämpfen, sofort durch die Kartoffelpresse geben, erkalten lassen, die Kartoffeln mit
50 g geriebenem Parmesan-Käse	
150 g Weizenmehl	
2 Eiern	verrühren, mit
Salz	
Pfeffer	abschmecken, mit bemehlten Händen aus dem Teig knapp 2 cm dicke und 5 cm lange Röllchen formen, in
kochendes Salzwasser	geben, zum Kochen bringen, in 7 – 10 Minuten gar ziehen lassen (Wasser muß sich leicht bewegen), die garen Gnocchi gut abtropfen lassen, in eine vorgewärmte Schüssel geben
75 g Butter	erhitzen, über die Gnocchi gießen.

Kartoffelklöße halb und halb

(6 Portionen)

750 g Kartoffeln	waschen, in Wasser zum Kochen bringen, in etwa 25 Minuten gar kochen lassen, abgießen, pellen, sofort durch die Kartoffelpresse geben, bis zum nächsten Tag kalt stellen
500 g Kartoffeln	waschen, schälen, abspülen, in eine Schüssel mit Wasser reiben, in einem Tuch fest auspressen, zu den gekochten Kartoffeln geben
1 Ei	
65 g Weizenmehl	
1 Teel. Salz	unterkneten aus dem Teig mit bemehlten Händen 18 Klöße formen, in
kochendes Salzwasser	geben, zum Kochen bringen, in 15 – 20 Minuten gar ziehen lassen (Wasser muß sich leicht bewegen) die garen Klöße gut abtropfen lassen.
Tip	Klöße halb und halb zu Rouladen oder Schweinebraten reichen.

148

Kartoffelklöße mit Lauchstreifen

(Foto Seite 139)

500 g Lauch (Porree)	putzen, halbieren, waschen, in feine Streifen schneiden
50 g Butter	zerlassen, die Lauchstreifen darin 6 – 8 Minuten andünsten, mit
Salz	
Pfeffer	abschmecken, auf ein Sieb geben, abtropfen lassen, erkalten lassen
1 ¼ kg Kartoffeln	waschen, schälen, abspülen, nicht zu fein reiben, in einem Küchentuch gut auspressen
250 ml (¼ l) Milch	mit
20 g Butter	
Salz	zum Kochen bringen
100 g Weizengrieß	unter Rühren einstreuen, bei schwacher Hitze etwa 10 Minuten ausquellen lassen geriebene Kartoffeln gut unter den heißen Grieß mischen, mit Salz abschmecken, die Lauchstreifen unterheben
1 Brötchen (Semmel)	in kleine Würfel schneiden
30 g Butter	zerlassen, die Brötchenwürfel darin braun braten aus der Kartoffelmasse mit nassen Händen etwa 12 Klöße formen, in jeden Kloß einige Brötchenwürfel drücken, zusammendrücken
3 l Salzwasser	zum Kochen bringen, alle Klöße hineingeben, zum Kochen bringen, bei milder Hitze in etwa 20 Minuten gar ziehen lassen, die Klöße mit einer Schaumkelle herausnehmen
60 g Butter	zerlassen
2 – 3 Eßl. Semmelbrösel	darin etwas bräunen lassen, über die Klöße geben.

Kartoffelklöße, gekocht

(Foto Seite 138)

750 g Kartoffeln	waschen, in Wasser zum Kochen bringen, in 20 – 25 Minuten gar kochen lassen, abgießen, abdämpfen, heiß pellen, durch die Kartoffelpresse geben
100 g Weizenmehl	mit
1 Ei	
Salz	und nach Belieben
geriebener Muskatnuß	verkneten
1 Scheibe Weißbrot	in Würfel schneiden
1 Eßl. Butter	zerlassen, die Weißbrotwürfel darin goldgelb rösten, aus dem Teig mit bemehlten Händen Klöße formen, dabei in jeden Kloß einige Brotwürfel drücken, die Klöße in
kochendes Salzwasser	geben, zum Kochen bringen, in etwa 15 Minuten gar ziehen lassen (das Wasser muß sich leicht bewegen).
Tip	Zu Sauerbraten reichen.

Kartoffelpudding

750 g Kartoffeln	waschen, schälen, abspülen, halbieren, in Wasser zum Kochen bringen, in 20 – 25 Minuten gar kochen lassen, abgießen, heiß durch die Presse geben, kalt stellen
60 g Butter oder Margarine	schaumig rühren, nach und nach Kartoffeln,
2 – 3 Eigelb 100 g geriebenen Käse Salz geriebene Muskatnuß	hinzufügen
2 – 3 Eiweiß Semmelbröseln	steif schlagen, unterheben, die Masse in eine gefettete, mit ausgestreute Puddingform füllen (diese darf höchstens zu ¾ gefüllt sein), die Form mit dem Deckel verschließen, in einen Topf mit kochendem Wasser setzen, in etwa 1 ¼ Stunden garen lassen, den garen Pudding auf eine vorgewärmte Platte stürzen, mit
2 – 3 Eßl. gebräunter Butter	übergießen.
Veränderung	Die Masse mit geriebenem Käse bestreuen, mit Butterflöckchen belegen, in einer Auflaufform im Ofen backen.
Beilage	Tomatensauce, grüner Salat.

Kräuter-Kartoffel-Püree mit Schinkenrührei

1 kg Kartoffeln Salzwasser	waschen, schälen, abspülen, in Stücke schneiden, in zum Kochen bringen, in etwa 20 Minuten gar kochen lassen, abgießen, sofort durch die Kartoffelpresse geben
50 – 75 g Kräuterbutter 250 ml (¼ l) heiße Milch	hinzufügen, den Topf auf die Kochstelle setzen, den Brei so lange schlagen, bis eine einheitliche Masse entstanden ist, mit
Salz Pfeffer geriebener Muskatnuß	abschmecken, warm stellen
6 Eier	mit Salz, Pfeffer,
6 Eßl. kaltem Wasser	verschlagen

150 g gekochten Schinken	in Streifen schneiden
20 g Butter oder Margarine	zerlassen, die verquirlte Eiermasse hineingeben, den Schinken darübergeben, sobald die Masse zu stocken beginnt, sie mit einem Löffel strichweise vom Boden der Pfanne losrühren, so lange weiter erhitzen, bis keine Flüssigkeit mehr vorhanden ist (Rührei muß weich und großflockig, aber nicht zu trocken sein), zusammen mit dem Kräuterpüree servieren.
Beilage	Tomatensalat.

Möhren-Kartoffel-Püree

300 g Möhren	putzen, schälen, waschen
500 g mehligkochende Kartoffeln	waschen, schälen, abspülen beide Zutaten in kleine Würfel schneiden einen Topf mit Wasser ausschwenken, Kartoffeln und Möhren hineingeben
150 ml Milch	hinzufügen, zum Kochen bringen, bei schwacher Hitze etwa 15 Minuten garen lassen die Zutaten anschließend fein zerstampfen, evtl. mit einem Schneidestab pürieren
1–2 Estragonzweige	abspülen, die Blättchen abzupfen, trockentupfen, fein schneiden, mit
1 Teel. geriebenem Meerrettich	
20 g Butter oder Margarine	unter das Püree geben, mit
Salz	
Pfeffer	abschmecken.

Rohe Kartoffelklöße

500 ml (½ l) Milch	mit
½ Teel. Salz	zum Kochen bringen
125 g Hartweizengrieß	hineinstreuen, zum Kochen bringen, einmal aufkochen lassen, den Topf von der Kochstelle nehmen, den Grieß in etwa 30 Minuten ausquellen lassen
1 kg Kartoffeln	schälen, waschen, reiben, die Kartoffelmasse in ein Küchentuch geben, fest auspressen, den Grieß unterrühren, mit
Salz	abschmecken, aus dem Teig eine etwa 4 cm dicke Rolle formen, jeweils eine etwa 3 cm dicke Scheibe abschneiden, mit bemehlten Händen zu Klößen formen, in
kochendes Salzwasser	geben, 15 – 20 Minuten gar ziehen lassen (Wasser muß sich leicht bewegen).
Tip	Rohe Kartoffelklöße zu Schmorbraten reichen.
Abwandlung	4 Eßlöffel gehackte Kräuter unter den Kartoffelteig rühren, die Klöße mit je 1 Würfel Mozzarella-Käse füllen, mit Tomatensauce übergießen und im Backofen überbacken.

Salate

Berner Kartoffelsalat

750 g Kartoffeln	waschen, in Wasser zum Kochen bringen, in 20–25 Minuten gar kochen, abgießen, noch heiß pellen, in Scheiben schneiden, in eine Salatschüssel geben, dabei lagenweise mit
Salz, Pfeffer	bestreuen.
	Für die Salatsauce
125 ml (⅛ l) Milch	erhitzen
2 Eßl. Butter	hineingeben, gut verrühren, mit
1 Teel. Senf	
Salz, Pfeffer	würzen
60–80 g geriebenen Emmentaler Käse	unter die heiße Milch rühren, so lange rühren, bis eine dickliche Sauce entstanden ist, evtl. mit Salz, Pfeffer abschmecken, heiß über die Kartoffelscheiben gießen, den Salat sofort servieren.

Bunter Kartoffelsalat

750 g kleine festkochende Kartoffeln	waschen, in Wasser zum Kochen bringen, in 20–25 Minuten gar kochen lassen, abgießen, abdämpfen, pellen, in Scheiben schneiden
1 Zwiebel	abziehen, würfeln, mit
125 ml (⅛ l) Fleischbrühe	
4 Eßl. Essig	
1 Teel. Zucker	
Pfeffer	in einen Topf geben, aufkochen lassen, den Sud mit
Salz	abschmecken, über die noch warmen Kartoffelscheiben gießen, so lange ziehen lassen, bis die Marinade von den Kartoffeln vollkommen aufgenommen worden ist
1 Bund Radieschen	putzen, waschen, in Scheiben schneiden
150 g Gemüsemais (aus dem Glas)	abtropfen lassen, mit den Radieschenscheiben zu den Kartoffeln geben
1–2 Eßl. geriebenen Meerrettich	mit
1 Eßl. Mayonnaise	
150 g saurer Sahne	
2–3 Eßl. Zitronensaft	
1 Teel. Zucker	verrühren, unter den Salat rühren
1 Bund Dill	
2 Zweige Zitronenmelisse	die Kräuter abspülen, trockentupfen, die Blättchen abzupfen, hacken, kurz vor dem Servieren unter den Salat mengen.

Englischer Kartoffelsalat

1 kg kleine festkochende Kartoffeln	waschen, schälen, vierteln, in
etwa 500 ml (½ l) kochendes Wasser	geben, zum Kochen bringen, in etwa 15 Minuten nicht zu weich kochen lassen, abgießen, abdämpfen
1 Bund Radieschen	putzen, waschen, in Scheiben schneiden

Für die Salatsauce

50 g fetten Speck	in Würfel schneiden, auslassen
2 Zwiebeln	abziehen, fein würfeln, Speckgrieben mit Speckfett, Zwiebelwürfeln,
125 ml (⅛ l) Wasser	
4 Eßl. Essig	
1–2 Eßl. Zucker	
1 Teel. Salz	zum Kochen bringen, von der Kochstelle nehmen
2 Eßl. Gin	unterrühren, mit
Pfeffer	würzen, mit den Salatzutaten,
2 Eßl. feingehackter Petersilie	
4 feingehackten Sellerieblättchen	vermengen, den Salat noch warm serivern.

Feiner bunter Kartoffelsalat

750 g Salatkartoffeln	waschen, in so viel
Wasser	zum Kochen bringen, daß die Kartoffeln bedeckt sind, in 20–25 Minuten gar kochen lassen, abgießen, abdämpfen, heiß pellen, erkalten lassen
3 hartgekochte Eier	pellen
2 mittelgroße Zwiebeln	abziehen
etwa 300 g Fleischwurst	enthäuten
1 großen, säuerlichen, roten Apfel	waschen, vierteln, entkernen
3–4 Gewürzgurken	alle Zutaten in kleine Würfel schneiden

Für die Salatsauce

4–5 Eßl. Salatöl	mit
2 Eßl. Kräuteressig	
1 Teel. scharfem Senf	
Salz	
Pfeffer	
Zucker	verrühren, die Salatsoße mit den Salatzutaten vermengen
2 Eßl. gehackte	
Petersilie	unterrühren, den Kartoffelsalat einige Stunden durchziehen lassen.

Frühsommerlicher Kartoffelsalat

400 g Frühkartoffeln	waschen, in
Salzwasser	zum Kochen bringen, in 20–25 Minuten gar kochen, abgießen, noch heiß pellen, abkühlen lassen, in Scheiben schneiden
1 Salatgurke	waschen, der Länge nach halbieren, entkernen, das Fruchtfleisch in feine Scheiben schneiden
150 g Mai-Gouda oder jungen Gouda	in kleine Würfel schneiden
2 hartgekochte Eier	pellen, fein hacken
100 g Shrimps	unter fließendem kaltem Wasser abspülen, für die Salatsoße
4–5 Eßl. Salatöl	mit
3 Eßl. Essig	
1 Teel. Senf	verrühren, mit
Salz	
frisch gemahlenem Pfeffer	
Zucker	würzen
1 Bund Dill	abspülen, trockentupfen, fein hacken, unterrühren, mit den Salatzutaten vermengen.

Kartoffelsalat, Rezept Seite 164

Kartoffelsalat mit Tomaten, Rezept Seite 166

Ostdeutscher Kartoffelsalat, Rezept Seite 172

Kartoffelstrudel, Rezept Seite 181

Grüner Kartoffelsalat

(Foto Seite 140)

1 kg neue Kartoffeln	waschen, in Wasser zum Kochen bringen, in etwa 25 Minuten gar kochen lassen, abgießen, abdämpfen, heiß pellen, erkalten lassen, etwa 12 Stunden kalt stellen, in Scheiben schneiden
125 ml (⅛ l) Essig	mit
125 ml (⅛ l) Wasser	
2 Teel. Instant-Fleischbrühe	
1 – 2 Teel. Zucker	
Salz, Pfeffer	zum Kochen bringen
1 Zwiebel	abziehen, fein würfeln, hinzufügen, kurz aufkochen lassen, über die Kartoffelscheiben gießen, vorsichtig durchheben, die Flüssigkeit muß von den Kartoffeln vollkommen aufgenommen werden
1 Bund Dill	
1 Bund Petersilie	
5 Salbeiblätter	
1 Zweig Zitronenmelisse	die Kräuter abspülen, trockentupfen, die Blättchen von den Stengeln zupfen, die Blättchen fein hacken
1 kleine Salatgurke	schälen, in kleine Würfel schneiden, mit den Kräutern unter die Kartoffelscheiben mischen
150 g saure Sahne	getrennt dazu reichen.

Herzhafter Kartoffelsalat

(Etwa 6 Portionen)

750 g Pellkartoffeln	noch heiß pellen, in Scheiben schneiden, sofort mit
250 ml (¼ l) heißer Instant-Fleischbrühe	übergießen, durchziehen lassen
250 g Tomaten	waschen, abtrocknen, die Stengelansätze herausschneiden, die Tomaten in Scheiben schneiden
1 mittelgroße Salatgurke	gründlich waschen, die Enden abschneiden
4 hartgekochte Eier	pellen, beide Zutaten in Scheiben schneiden

	Für die Salatsauce
2 mittelgroße Zwiebeln	abziehen, fein würfeln, mit
3–4 Eßl. Salatöl	
4 Eßl. Essig	verrühren, mit
Salz	
Pfeffer	
Zucker	würzen, mit den Salatzutaten vermengen, den Salat gut durchziehen lassen, evtl. mit Salz, Pfeffer, Zucker abschmecken.
Tip	Herzhaften Kartoffelsalat zu Wiener Würstchen oder zu kalten Koteletts reichen.

Husumer Kartoffelsalat

750 g Pellkartoffeln	noch heiß pellen, in Scheiben schneiden
	Für die Salatsauce
150 g durchwachsenen Speck	in Würfel schneiden
1–2 Eßl. Margarine	zerlassen, den Speck darin ausbraten
2 große Zwiebeln	abziehen, würfeln, darin glasig dünsten lassen
2 Eßl. Salatöl	mit
4 Eßl. Rotweinessig	verrühren, mit
200 g frischen, gepulten Krabben	
2 Eßl. gehackter Petersilie	zu der noch warmen Speck-Zwiebel-Masse geben, mit
Salz	
Pfeffer	abschmecken, mit den Kartoffelscheiben vermengen, den Salat warm servieren.

Italienischer Kartoffelsalat

(Etwa 6 Portionen)

750 g Pellkartoffeln	noch heiß pellen, in Würfel schneiden
3 Tomaten	
1 Salatgurke	beide Zutaten waschen, abtrocknen, in dünne Scheiben schneiden (Stengelansätze der Tomaten herausschneiden)
1 Paprikaschote (etwa 150 g)	halbieren, entstielen, entkernen, die weißen Scheidewände entfernen, die Schote waschen, in Streifen schneiden

Für die Salatsauce

1 Zwiebel	abziehen, würfeln, mit
250 ml (¼ l) heißer Instant-Fleischbrühe	
4 Eßl. Salatöl	
4 Eßl. Kräuter-Essig	
2 Teel. Senf	verrühren, mit
Salz, Pfeffer	würzen, mit den Salatzutaten vermengen, den Salat gut durchziehen lassen, evtl. mit Salz, Pfeffer,
Essig	abschmecken, mit
Eierscheiben	
Kapern	
kleingehackter Gewürzgurke	garnieren.

Kartoffel-Broccoli-Salat mit Krabben

600 g Kartoffeln	waschen, in Wasser zum Kochen bringen, in 20 – 25 Minuten gar kochen lassen, abgießen, abdämpfen, pellen, etwas abkühlen lassen, in Scheiben schneiden von
400 g Broccoli	die Blätter entfernen, den Broccoli waschen, in Röschen teilen, die Röschen in
kochendem Salzwasser	etwa 10 Minuten garen
2 mittelgroße Zwiebeln	abziehen, fein würfeln
4 Eßl. Weißweinessig	mit
Salz	
weißem Pfeffer	
etwas Zucker	
1 Msp. Senf	verrühren
6 Eßl. Sojaöl	unterrühren Kartoffelscheiben, Broccoliröschen,
150 g Nordsee-Krabben oder Shrimps	vorsichtig mit der Marinade verrühren, etwas ziehen lassen, nochmals abschmecken
einige Blätter Endiviensalat	waschen, trockentupfen, den Salat darauf anrichten.

Kartoffel-Herings-Salat

4 Matjesfilets	evtl. 1 Stunde wässern, trockentupfen
250 g Pellkartoffeln	
2 hartgekochte Eier	beide Zutaten pellen
200 g Jagdwurst	enthäuten
1 Apfel	schälen, vierteln, entkernen
1 Gewürzgurke	alle Zutaten in Würfel schneiden.

Für die Mayonnaise

1 Eigelb	mit
1 – 2 Teel. Senf	
Salz	
Pfeffer	
1 Teel. Zucker	
1 Eßl. Essig	in einer Rührschüssel mit einem Schneebesen oder mit einem elektrischen Handrührgerät mit Rührbesen zu einer dicklichen Masse schlagen, nach und nach eßlöffelweise
125 ml (⅛ l) Speiseöl	unterschlagen
3 Eßl. Joghurt	unterrühren, mit den Salatzutaten vermengen, gut durchziehen lassen, den Salat evtl. mit Salz, Pfeffer, Zucker abschmecken.

Kartoffelsalat

(Foto Seite 157)

750 g kleine festkochende Kartoffeln	waschen, in Wasser zum Kochen bringen, in 20 – 25 Minuten gar kochen lassen, abgießen, abdämpfen, pellen, in Scheiben schneiden
1 Zwiebel	abziehen, würfeln, mit
125 ml (⅛ l) Fleischbrühe	
4 Eßl. Essig	
1 Teel. Zucker	
Pfeffer	aufkochen, mit
Salz	abschmecken, über die noch warmen Kartoffelscheiben gießen, vorsichtig vermengen und so lange ziehen lassen, bis die Marinade von den Kartoffeln vollkommen aufgenommen worden ist, ab und zu vorsichtig umrühren
1 Bund Radieschen	putzen, waschen, in Scheiben schneiden
150 g Gemüsemais	abtropfen lassen, mit den Radieschenscheiben zu den Kartoffeln geben

1 – 2 Eßl. geriebenen **Meerrettich**	
1 Eßl. Mayonnaise	
150 g saure Sahne	
2 – 3 Eßl. Zitronensaft	
1 Teel. Zucker	verrühren und unter den Salat rühren
1 Bund Dill	
2 Zweige Zitronenmelisse	abspülen, trockentupfen, die Blättchen von den Stengeln zupfen, hacken, kurz vor dem Servieren unter den Salat mengen.

Kartoffelsalat mit Keimlingen

400 g festkochende Kartoffeln	waschen, in Wasser zum Kochen bringen, in 20 – 25 Minuten gar kochen, abgießen, noch heiß pellen, abkühlen lassen, in Scheiben schneiden
½ Salatgurke (etwa 200 g)	waschen, abtrocknen, evtl. halbieren, in Scheiben schneiden
1 Bund Radieschen	putzen, waschen, in Scheiben schneiden
2 Frühlingszwiebeln	putzen, waschen, in Ringe schneiden
200 g Sojabohnen-keimlinge oder Rettichkeimlinge	verlesen, waschen, abtropfen lassen.

Für die Salatsauce

1 Becher (150 g) Joghurt	mit
2 Eßl. Rotweinessig	
2 Eßl. Schlagsahne	
1 Teel. scharfem Senf	verrühren, mit
Salz	
Pfeffer	
gerebeltem Majoran	würzen, mit den Salatzutaten vermengen.

Kartoffelsalat mit Shrimps

4 große Kartoffeln (je 200 g)	waschen, in Wasser zum Kochen bringen, in 20–25 Minuten gar kochen lassen, abgießen, abdämpfen, erkalten lassen, der Länge nach halbieren, 4 Hälften mit
Salz	bestreuen, die anderen pellen, längs halbieren, in dünne Scheiben schneiden, die Kartoffelscheiben mit
100 g Shrimps **3 Eßl. Sonnenblumenöl** **2 Eßl. Estragonessig** **1 Eßl. gehackter Petersilie** **1 Eßl. gehacktem Dill**	
Salz, Pfeffer	mischen, auf die gesalzenen Kartoffelhälften geben
1 Becher (150 g) Crème fraîche	mit Salz und Pfeffer
2 Teel. Tomatenmark	verrühren, auf dem Salat verteilen.

Kartoffelsalat mit Tomaten

(Foto Seite 158)

1 kg Salatkartoffeln	waschen, in Wasser zum Kochen bringen, in 20–25 Minuten gar kochen lassen, abgießen, abdämpfen, heiß pellen, in Scheiben schneiden
2 kleine Zwiebeln	abziehen
250 g gekochte Champignons **1–2 Gewürzgurken**	die 3 Zutaten in Scheiben schneiden
125 ml (⅛ l) Fleischbrühe	mit
3–4 Eßl. Kräuteressig **Salz, Pfeffer, Zucker**	verrühren, über die Salatzutaten gießen, gut durchziehen lassen
4 Eßl. Crème fraîche	mit
1 Becher (250 g) Dickmilch **1 Eßl. Senf** **1 Teel. Zucker**	verrühren, mit den Salatzutaten vermengen
5 Tomaten	waschen, abtrocknen, die Stengelansätze entfernen, die Tomaten in Achtel schneiden
4 hartgekochte Eier	pellen, in Scheiben schneiden etwa ¾ der Tomatenachtel und der Eierscheiben unter den Salat mengen den Salat mit den restlichen Tomatenachteln, Eierscheiben,
Gewürzgurken-scheiben	garnieren.

Kartoffelsalat mit Wein

1 kg festkochende Kartoffeln	gründlich waschen, mit
250 ml (¼ l) Rotwein	
2 Salbeizweigen	
2 Rosmarinzweigen	
3 abgezogenen Knoblauchzehen	
Salz, Pfeffer	
10 schwarzen Pfefferkörnern	aufsetzen, so viel
Wasser	zugießen, daß die Kartoffeln bedeckt sind, in 20–25 Minuten gar kochen, aus dem Topf nehmen, die Garflüssigkeit nicht weggießen, die Kartoffeln noch heiß pellen, erkalten lassen, in Scheiben schneiden, mit Salz, Pfeffer,
1 Eßl. Olivenöl	und so viel Kochflüssigkeit vermengen, daß sie schön feucht sind.

Kartoffelsalat mit Zunge

1 kg Salatkartoffeln	waschen, in Wasser zum Kochen bringen, in 20–25 Minuten gar kochen lassen, abgießen, abdämpfen, heiß pellen, in Scheiben schneiden
2 Bund Radieschen	putzen, waschen, in Scheiben schneiden
1–2 Stengel Staudensellerie (etwa 100 g)	putzen, harte Fäden an der Außenseite der Stengel abziehen, die Stengel waschen, abtrocknen, in feine Streifen schneiden
250 g gekochte Zunge (in Scheiben)	in Streifen schneiden.
	Für die Salatsauce
6 Eßl. Speiseöl	mit
4 Eßl. Weinessig	
250 ml (¼ l) Weißwein	
1 Teel. Zucker	
Salz, Pfeffer	verrühren, nach Belieben
1 Eßl. feingeschnittenen Schnittlauch	
1 Eßl. feingehackten Dill	unterrühren die Salatsauce mit den Salatzutaten vermengen, gut durchziehen lassen.

Kartoffelsalat mit Zwiebeln

800 g gleich große, kleine Kartoffeln	waschen, in Wasser zum Kochen bringen, in 20 – 25 Minuten gar kochen lassen, abgießen, abdämpfen, pellen erkalten lassen, pellen, mit einem gewellten Messer in Scheiben schneiden
4 Zwiebeln	abziehen, in feine Ringe schneiden, kurz überbrühen oder einsalzen, nach ein paar Minuten mit kaltem Wasser abspülen, gut abtropfen lassen abwechselnd je eine Schicht Kartoffeln und Zwiebeln in eine Schüssel geben aus
etwas kaltem Wasser 2 Eßl. Weinessig 1 ½ Teel. Salz 2 Teel. Zucker ½ Teel. weißem Pfeffer	eine Vinaigrette bereiten über den geschichteten Salat gießen
1 Bund Schnittlauch	abspülen, fein schneiden, über den Salat streuen 3 – 4 Stunden im Kühlschrank ziehen lassen.

Klassischer Kartoffelsalat

1 kg festkochende Kartoffeln	waschen, in Wasser zum Kochen bringen, in 20 – 25 Minuten gar kochen, abgießen, noch heiß pellen, erkalten lassen, in Scheiben schneiden.

Für die Marinade

125 ml (⅛ l) heiße Fleischbrühe	mit
3 Eßl. Weinessig	verrühren, mit
Salz	
Pfeffer	kräftig würzen, über die Kartoffeln geben, gut durchziehen lassen.

Für die Mayonnaise

1 Eigelb	mit
1 Eßl. Essig	
1 Teel. Senf	
1 gestr. Teel. Salz	
1 Teel. Zucker	
Pfeffer	verrühren
125 ml (⅛ l) Speiseöl	nach und nach darunterschlagen, wenn die Kartoffeln die Marinade nicht vollständig aufgesogen haben, diese Flüssigkeit abgießen, die Mayonnaise mit den Kartoffeln vermengen
1 mittelgroßen, säuerlichen	
Apfel (z. B. Boskop)	schälen, vierteln, entkernen, in Scheiben schneiden
1 große Zwiebel	abziehen, würfeln
2 Gewürzgurken	in Scheiben schneiden die drei Zutaten mit dem Kartoffelsalat vermengen, den Salat gut durchziehen lassen, evtl.
2–3 Eßl. Schlagsahne	unterrühren, den Kartoffelsalat mit Salz, Pfeffer und Weinessig abschmecken
2 Eßl. gehackte Petersilie	unterrühren, mit
Eierscheiben	
Tomatenachteln	
Petersilienblättchen	garnieren.

Pikanter Kartoffelsalat

750 g Kartoffeln	in Wasser zum Kochen bringen, in 20–25 Minuten gar kochen lassen, abgießen, abdämpfen, noch heiß pellen, in Scheiben schneiden
200 g gekochtes Rindfleisch	in Würfel schneiden
1 Stange Porree (Lauch)	putzen, das dunkle Grün bis auf etwa 10 cm entfernen, den Porree längs halbieren, in schmale Streifen schneiden, waschen
150 g gedünstete Pfifferlinge	evtl. halbieren
3–4 Tomaten	kurze Zeit in kochendes Wasser legen (nicht kochen lassen), in kaltem Wasser abschrecken, enthäuten, die Stengelansätze herausschneiden, die Tomaten in Würfel schneiden.

Für die Salatsauce

1 große Zwiebel	abziehen, würfeln, mit
6 Eßl. Speiseöl	
4–5 Eßl. Kräuter-Essig	
1 Teel. Senf	verrühren, mit
Salz, schwarzem Pfeffer	würzen, mit den Salatzutaten vermengen den Salat etwa 1 Stunde durchziehen lassen.

Speck-Kartoffel-Salat

800 g kleine, mehligkochende Kartoffeln	waschen, in Wasser zum Kochen bringen, etwa 15 Minuten kochen lassen, abgießen, die Kartoffeln etwas abkühlen lassen, pellen, größere Kartoffeln halbieren
250 ml (¼ l) heiße Gemüsebrühe	mit
2 Eßl. Weißweinessig	
2 Teel. Rotisseur-Senf	
Salz, Pfeffer	würzen, heiß über die Kartoffeln geben
4 Stangen Staudensellerie	putzen, waschen, das Grün beiseite legen, die harten Außenfäden abziehen, den Sellerie in Scheiben schneiden, zu den Kartoffeln geben
200 g Frühstücksspeck	in Streifen schneiden
2 Eßl. Speiseöl	erhitzen, den Speck darin kroß ausbraten
4 rote Zwiebeln	abziehen, halbieren, in Scheiben schneiden, zu dem Speck geben, kurz mitdünsten, zu den Kartoffeln geben, einige Stunden durchziehen lassen, nochmals abschmecken, mit dem Selleriegrün garnieren.

Stielmus-Kartoffelsalat

750 g Streifrüben (Stielmus)	putzen, in etwa 3 cm lange Stücke schneiden, waschen, abtropfen lassen
1 Eßl. Maiskeimöl	erhitzen, Streifrüben darin andünsten
250 ml (¼ l) Gemüsebrühe	hinzugießen, Streifrüben in etwa 30 Minuten bißfest kochen
500 g Salatkartoffeln	waschen, in der Schale in etwa 25 Minuten weich kochen, pellen, noch heiß in Scheiben schneiden, mit den Streifrüben vermengen
1 Zwiebel	abziehen, fein reiben, mit
2 Eßl. gehackter Petersilie	
2 Eßl. Senf	
1 Eßl. Weißweinessig	
6 Eßl. Maiskeimöl	verrühren, mit
Pfeffer	
Muskat	abschmecken, die Sauce mit den Salatzutaten vermengen, etwa 30 Minuten durchziehen lassen, evtl. nochmals mit Pfeffer, Muskat abschmecken, lauwarm servieren.

170

Warmer Kartoffelsalat

1 kg festkochende Kartoffeln waschen, in Wasser zum Kochen bringen, in etwa 20 Minuten gar kochen lassen, abgießen, abdämpfen, heiß pellen, in Scheiben schneiden.

Für die Salatsauce

75 g fetten Speck in Würfel schneiden, auslassen, das Speckfett durch ein Sieb in eine Schüssel gießen

2 Zwiebeln abziehen, würfeln, mit

125 ml (⅛ l) heißer Gemüsebrühe zum Kochen bringen, 3 – 5 Minuten kochen lassen

4 – 5 Eßl. Kräuteressig

Salz, Pfeffer

Zucker unterrühren, das Speckfett dazugeben, die Salatsauce mit den warmen Kartoffelscheiben vermengen, ein paar Stunden durchziehen lassen, anschließend in den Backofen schieben

Ober-/Unterhitze etwa 150 °C (vorgeheizt)

Heißluft etwa 130 °C (nicht vorgeheizt)

Gas etwa Stufe 2 (vorgeheizt)

Garzeit 15 – 20 Minuten

ab und zu durchschwenken

den Kartoffelsalat mit Salz, Pfeffer,

Essig abschmecken

2 Eßl. Schnittlauchröllchen unterrühren

die Grieben (ausgelassener Speck) darauf verteilen.

Ostdeutscher Kartoffelsalat

(Foto Seite 159)

1 kg Salatkartoffeln	waschen, in Wasser zum Kochen bringen, in 20–25 Minuten gar kochen lassen, abgießen, abdämpfen, heiß pellen
2 Zwiebeln	abziehen
2 Salzgurken	
	die drei Zutaten in dünne Scheiben schneiden.

Für die Salatsauce

4 Eßl. Speiseöl	mit
5 Eßl. Kräuteressig	
Salz	
frisch gemahlenem Pfeffer	
Zucker	verrühren
	die Salatsauce mit den Salatzutaten vermengen, gut durchziehen lassen
200 g durchwachsenen Speck	in Würfel schneiden
3 Eßl. Speiseöl	erhitzen, die Speckwürfel darin ausbraten, mit
5 Eßl. Wasser	loskochen
	die Speckgrieben mit der Flüssigkeit über den Kartoffelsalat geben.

Süßes aus Kartoffeln

Dicker Pickert

(Foto Seite 179)

350 g Kartoffeln	waschen, schälen, abspülen, reiben
3 Eier	
Salz	
	beide Zutaten unterrühren
500 g Weizenmehl	sieben, mit
1 Pck.	
Trocken-Backhefe	sorgfältig vermischen
	zunächst die Hälfte des Weizenmehl-Hefe-Gemisches unter die Kartoffeln rühren, dann den Rest mit
125 ml (⅛ l)	
lauwarmer Milch	dazugeben (es muß ein dünnflüssiger Teig entstehen), den Teig so lange schlagen, bis er Blasen wirft, an einem warmen Ort so lange gehen lassen, bis er etwa doppelt so hoch ist, ihn noch einmal durchschlagen
250 g Rosinen	unterrühren, in eine gefettete Kastenform (35 × 11 cm) füllen, den Teig an einem warmen Ort so lange gehen lassen, bis er sich sichtbar vergrößert hat, die Form auf dem Rost in den Backofen schieben
Ober-/Unterhitze	170 – 200 °C (vorgeheizt)
Heißluft	150 – 170 °C (nicht vorgeheizt)
Gas	Stufe 3 – 4 (vorgeheizt)
Backzeit	etwa 1 Stunde
	den fertigen Pickert stürzen, erkalten lassen, in 24 Scheiben schneiden, etwas von
200 ml Speiseöl	in einer Bratpfanne erhitzen, die Scheiben von beiden Seiten darin braun braten.

Kartoffel-Marzipan-Pudding

(Schnellkochtopf)
(6 Portionen)

300 g Kartoffeln	waschen, in Wasser in etwa 20 Minuten gar kochen, pellen, durch die Presse drücken
200 g Backpflaumen **100 ml** **Mandellikör**	in aufkochen, abkühlen, abtropfen lassen, den Likör auffangen, die Pflaumen grob hacken
50 g Butter	mit
100 g Marzipan- **Rohmasse**	cremig rühren, nach und nach
3 Eigelb	unterrühren, schaumig schlagen, mit
50 g Semmelbröseln	und dem Kartoffelbrei verrühren
3 Eiweiß	steif schlagen, unter die Masse ziehen, Pflaumenstückchen unterziehen eine Wasserbadform samt Deckel mit
20 g Butter	ausfetten, mit
Semmelbröseln	ausstreuen, Marzipanmasse einfüllen, mit dem Deckel verschließen die Form in den Schnellkochtopf stellen, so viel Wasser hinzugießen, daß die Form bis zu ⅓ im Wasserbad steht, den Topf schließen, nach dem Erscheinen des 1. Ringes die Hitzezufuhr verringern und etwa 30 Minuten garen lassen, den Topf nach Vorschrift öffnen, Pudding stürzen, mit dem zurückbehaltenen Likör begießen.

Kartoffelhörnchen

Für den Teig

300 g Weizenmehl in eine Rührschüssel sieben
125 g Zucker
100 g weiche
Butter
1 Ei
1 Fläschchen
Bittermandel-Aroma hinzufügen, die Zutaten mit dem Handrührgerät mit Knethaken zunächst kurz auf niedrigster, dann auf höchster Stufe gut durcharbeiten, anschließend auf der bemehlten Arbeitsfläche zu einem glatten Teig verkneten

250 g gekochte
Kartoffeln reiben, unter den Teig kneten
den Teig auf der bemehlten Arbeitsfläche etwa ½ cm dick zu einer runden Platte ausrollen, eine runde Platte von etwa 40 cm Durchmesser ausschneiden, wie eine Torte in 12 Stücke schneiden.

150 g Marzipan-
Rohmasse mit
2 – 3 Eßl. Kirsch-
wasser oder
150 g Aprikosen-
konfitüre weich kneten, jeweils auf das breite Ende des Teiges etwas Marzipan-Rohmasse geben, die Teigstücke von der breiten Seite her so aufrollen, daß die Spitze nach oben kommt, zu Hörnchen formen, mit

verquirlter
Eigelbmilch bestreichen, auf ein gefettetes, mit Backpapier belegtes Backblech legen
Ober-/Unterhitze 170 – 200 °C (vorgeheizt)
Heißluft 150 – 180 °C (nicht vorgeheizt)
Gas Stufe 3 – 4 (nicht vorgeheizt)
Backzeit 25 – 30 Minuten.

Kartoffel-Waffeln mit Früchten und Sahne, Rezept Seite 181

Powidl-Tascherl, Rezept Seite 184

Dicker Pickert, Rezept Seite 174

Kartoffeltorte, Rezept Seite 183

Süße Kartoffelpüfferchen, Rezept Seite 185

Kartoffel-Waffeln mit Früchten und Sahne

(Foto Seite 177)

Für den Rührteig

300 g weiche Margarine	mit Handrührgerät mit Rührbesen geschmeidig rühren, nach und nach
225 g Zucker	
2 Pck. Vanillin-Zucker	
1 Prise Salz	unterrühren, so lange rühren, bis eine gebundene Masse entstanden ist, nach und nach
5 Eigelb	
250 g durchgepreßte Pellkartoffeln (vom Vortag)	unterrühren
375 g Weizenmehl	mit
2 gestr. Teel. Backpulver	mischen, sieben, eßlöffelweise auf mittlerer Stufe unterrühren, zum Schluß
200 g flüssige Schlagsahne	
3 Eßl. Milch	unterrühren
5 Eiweiß	steif schlagen, unterheben den Teig in nicht zu großen Portionen in das erhitzte, gefettete Waffeleisen füllen, sofort gut verstreichen. Waffeln goldbraun backen, einzeln auf einem Kuchenrost erkalten lassen, mit
Puderzucker	bestäuben.

Kartoffelstrudel

(Foto Seite 160)

Für den Teig

300 g Weizenmehl	auf die Arbeitsfläche sieben, in die Mitte eine Vertiefung eindrücken
1 Ei	
Salz	hineingeben
1 Eßl. Speiseöl	darüberträufeln
100 ml (¹⁄₁₀ l) warmes Wasser	mit
½ Eßl. Weinessig	mischen, nach und nach hinzufügen, mit einem Teil des Mehls zu einem dicken Brei verarbeiten, mit Mehl bedecken, von der Mitte aus alle Zutaten schnell zu einem glatten, glänzenden Teig verarbeiten, den Teig eine Zeitlang stehenlassen.

181

	Für die Füllung
60 g Butter	geschmeidig rühren, nach und nach
60 g Zucker	
2 Eigelb	hinzufügen, so lange rühren, bis eine cremige Masse entstanden ist
abgeriebene Schale und Saft von 1 Zitrone (unbehandelt)	
50 g abgezogene, gemahlene Mandeln	
125 ml (⅛ l) Schlagsahne	dazugeben
30 g Rosinen	
250 g gekochte Kartoffeln	noch heiß pellen, durch die Kartoffelpresse geben beide Zutaten unter den Teig rühren
2 Eiweiß	steif schlagen, vorsichtig unterheben, den Strudelteig etwas auf einem bemehlten großen Tuch (Tischtuch) ausrollen, über den Handrücken zu einem Rechteck von 50 × 70 cm dünn ausziehen, die Teigplatte bis auf einen Rand von etwa 3 cm mit
Semmelbröseln	bestreuen, darauf gleichmäßig die Füllung verteilen, den Teig von der längeren Seite her, mit der Füllung beginnend, aufrollen, an den Enden gut zusammendrücken, auf ein gefettetes Backblech legen
20 g Butter	zerlassen, den Strudel damit bestreichen, mit
Zucker	bestreuen das Blech in den Backofen schieben
Ober-/Unterhitze	200 – 220 °C (vorgeheizt)
Heißluft	180 – 200 °C (nicht vorgeheizt)
Gas	etwa Stufe 5 (vorgeheizt)
Backzeit	etwa 50 Minuten.

Kartoffeltorte

(Foto Seite 179)

250 g Kartoffeln	waschen, in
Salzwasser	zum Kochen bringen, zugedeckt etwa 30 Minuten kochen lassen, abgießen, abdämpfen, etwas abkühlen lassen, noch warm pellen, die Kartoffeln zugedeckt in einer Schüssel etwa 12 Stunden stehenlassen, fein reiben
50 g Rosinen	in eine Schüssel geben, mit
4 cl (2 Glas) Rum	beträufeln, etwa 1 Stunde ziehen lassen
6 Eigelb	schaumig schlagen, nach und nach
150 g Zucker	
Salz	
abgeriebene Schale von 1 Zitrone (unbehandelt)	
50 g feingewürfeltes Zitronat (Sukkade)	dazugeben, die geriebenen Kartoffeln, die gut abgetropften Rosinen unterrühren
6 Eiweiß	steif schlagen, vorsichtig unterheben den Teig in eine gefettete, mit
Semmelbröseln	ausgestreute Springform (Ø etwa 24 cm) füllen, glattstreichen, die Form auf dem Rost in die Mitte des Backofens schieben
Ober-/Unterhitze	180 – 200 °C (vorgeheizt)
Heißluft	160 – 180 °C (nicht vorgeheizt)
Gas	Stufe 3 – 4 (vorgeheizt)
Backzeit	etwa 1 Stunde nach dem Backen die Torte etwa 5 Minuten in der Form stehenlassen, den Rand mit einem Messer lösen, die Torte auf ein Kuchenrost stürzen, den Boden der Form abheben, die Torte mit
Puderzucker	bestäuben.

Kartoffeltorte mit Nüssen

250 g gekochte, noch warme Kartoffeln	durch ein Sieb passieren
3 Eigelb	mit
180 g Zucker	verrühren, die warmen Kartoffeln hinzufügen
50 g gemahlene Haselnüsse	
2 Eßl. Rum	unterrühren
3 Eiweiß	steif schlagen, unterheben, den Teig in eine gefettete mit
Semmelbrösein	ausgestreute Springform (Ø etwa 26 cm) füllen
Ober- und Unterhitze	170–200 °C (vorgeheizt)
Heißluft	150–170 °C (nicht vorgeheizt)
Gas	etwa Stufe 3 (vorgeheizt)
Backzeit	30–35 Minuten die Torte aus der Form nehmen, stürzen, erkalten lassen
300 g Aprikosenkonfitüre	mit
6 Eßl. Wasser	unter Rühren etwas einkochen lassen die Torte waagerecht einmal durchschneiden, ⅔ der Aprikosenkonfitüre auf den unteren Boden streichen die Torte zusammensetzen die restliche Aprikosenkonfitüre auf die Oberfläche und am Rand verstreichen
Zartbitter-Kuvertüre	im Wasserbad bei milder Hitze schmelzen, die Torte damit überziehen
weiße Kuvertüre	ebenfalls schmelzen, in eine kleine Spritztüte füllen, Phantasiemuster auf die Torte spritzen.

Powidl-Tascherl

(Foto Seite 178)

1 kg Kartoffeln	waschen, in Wasser zum Kochen bringen, in etwa 25 Minuten gar kochen lassen, abgießen, pellen, heiß durch die Kartoffelpresse geben, bis zum nächsten Tag zugedeckt an einem kühlen Ort stehenlassen, mit
250 g Weizenmehl	
2 Eiern	
Salz	zu einem glatten Teig verarbeiten, den Teig auf einer mit
Weizenmehl	bestreuten Arbeitsfläche etwa 3 mm dick ausrollen, mit einer runden Form (Ø etwa 8 cm) Plätzchen ausstechen.

Für die Füllung

200 g Pflaumenmus	mit
1 Teel. Rum	verrühren, jeweils ½ Teelöffel davon auf die Teigplätzchen geben
1 Ei	mit
1 Teel. Wasser	verschlagen, die Teigränder damit bestreichen, die Plätzchen zusammenklappen
4 l Wasser	mit Salz zum Kochen bringen, die Halbmonde hineingeben, zum Kochen bringen, in etwa 8 Minuten gar ziehen lassen, mit einem Schaumlöffel herausnehmen, gut abtropfen lassen, in einer vorgewärmten Schüssel anrichten, warm stellen
50 g Butter	in einer Pfanne zerlassen
50 g Semmelbrösel	hinzufügen, unter ständigem Rühren darin bräunen lassen, über die Powidl-Tascherl geben
50 g Zucker	mit
1 Teel. gemahlenem Zimt	mischen, zu den Powidl-Tascherl reichen.

Süße Kartoffelpüfferchen

(Foto Seite 180)

1 Pck. Trockenhefe	mit
1 Teel. Zucker	
125 ml (⅛ l) lauwarmer Milch	sorgfältig anrühren, etwa 15 Minuten bei Zimmertemperatur gehen lassen
1 kg Kartoffeln	waschen, schälen, abspülen, reiben
2 Eier	
2 gestr. Teel. Salz	und die Hälfte von
500 g gesiebtem Weizenmehl	unterrühren, die Hefe und das restliche Mehl dazugeben
250 g Rosinen	unterrühren
	den Teig an einem warmen Ort etwa 1 Stunde gehen lassen, ihn gut durchschlagen, etwas von
200 ml Speiseöl	in einer Stielpfanne erhitzen, den Teig eßlöffelweise hineingeben, die Püfferchen auf beiden Seiten goldbraun backen.
Tip	Butter und Sirup dazu reichen.

185

Süße Röstkartoffeln

**1 kg kleine
Kartoffeln** waschen, in Wasser zum Kochen bringen,
in etwa 20 Minuten gar kochen lassen, abgießen,
abdämpfen, noch heiß pellen
50 g Butter zerlassen
2 Eßl. Zucker hinzufügen, unter ständigem Rühren karamelisieren
(hellbraun rösten) lassen, die Kartoffeln hineingeben,
unter häufigem Schütteln darin in etwa 10 Minuten
rundherum knusprig braun braten lassen.

Zwetschenknödel

1 ¼ kg Kartoffeln waschen, in Wasser zum Kochen bringen,
in etwa 25 Minuten gar kochen lassen, abgießen,
abdämpfen, heiß pellen, sofort durch die Kartoffelpresse
geben, bis zum nächsten Tag kalt stellen, 1 kg von den
durchgepreßten Kartoffeln abwiegen, durch ein Sieb
streichen, nach und nach
2 Eier
Salz
60 g Weizengrieß
80 g Weizenmehl hinzufügen, zu einem glatten Teig verkneten, aus dem Teig
mit bemehlten Händen runde Klöße formen
16 – 20 Zwetschen waschen, entsteinen, je 1 Zwetsche in jeden Kloß drücken,
die Klöße in
Salzwasser geben, zum Kochen bringen, in 10 – 15 Minuten gar ziehen
lassen (das Wasser muß sich leicht bewegen)
etwa 100 g Butter zerlassen
**etwa 75 g Zwieback-
brösel** darin bräunen, über die Klöße geben.
Tip Die Knödel anstatt mit Zwetschen mit entsteinten, kleinen
Aprikosen füllen.

186

**Dr. Oetker
Grillen und Barbecue**

192 Seiten, Hardcover,
mit 36 Farbtafeln
DM 10.-/öS 73.-/sFr 10.-
ISBN 3-8118-1294-7

**Dr. Oetker
Spargel in allen Variationen**

192 Seiten, Hardcover,
mit 36 Farbtafeln
DM 10.-/öS 73.-/sFr 10.-
ISBN 3-8118-1370-6

**Dr. Oetker
Altdeutsche Backrezepte**

160 Seiten, Hardcover,
mit zahlreichen histor. Abb.
DM 10.-/öS 73.-/sFr 10.-
ISBN 3-8118-1323-4

**Dr. Oetker
Altdeutsche Kochrezepte**

160 Seiten, Hardcover,
mit zahlreichen histor. Abb.
DM 10.-/öS 73.-/sFr 10.-
ISBN 3-8118-1322-6